MÚSICA   CULTURA POP   ESTILO DE VIDA   COMIDA
CRIATIVIDADE & IMPACTO SOCIAL

SETH GODIN

A LIÇÃO DE ÍCARO

Copyright © Do You Zoom, Inc., 2012
Todos os direitos reservados
Publicado mediante acordo com a Portfolio, da Penguin Publishing Group, uma divisão da Penguin Random House LLC.

Trecho de "when god decided to invent" (quando deus decidiu inventar), de *Complete Poems*: 1904-1962 (Poemas completos: 1904-1962), de E. E. Cummings, editado por George J. Firmage. Copyright 1944, © 1972, 1991 pelos curadores do E. E. Cummings Trust. Usado com permissão da Liveright Publishing Corporation.

"Le Saut dans le vide" (O salto no vazio), de Yves Klein. © Yves Klein, ADAGP, Paris (pelo trabalho). Foto: Harry Shunk-John Kender. Shunk-Kender © Fundação Roy Lichtenstein.

Nenhuma parte desta publicação pode ser reproduzida, armazenada ou transmitida para fins comerciais sem a permissão do editor. Você não precisa pedir nenhuma autorização, no entanto, para compartilhar pequenos trechos ou reproduções das páginas nas suas redes sociais, para divulgar a capa, nem para contar para seus amigos como este livro é incrível (e como somos modestos).

Este livro é o resultado de um trabalho feito com muito amor, diversão e gente finice pelas seguintes pessoas:

Gustavo Guertler (*publisher*), Mayumi Aibe (tradução), Celso Orlandin Jr. (capa, projeto gráfico e diagramação), Germano Weirich (revisão), Gabriela Peres (revisão) e Fernanda Fedrizzi (edição).

Obrigada, amigos e amigas.

2021
Todos os direitos desta edição reservados à
Editora Belas Letras Ltda.
Rua Antônio Corsetti, 221 – Bairro Cinquentenário
CEP 95012-080 – Caxias do Sul – RS
www.belasletras.com.br

Dados Internacionais de Catalogação na Fonte (CIP)
Biblioteca Pública Municipal Dr. Demetrio Niederauer
Caxias do Sul, RS

G585l	Godin, Seth
	A lição de Ícaro: até onde você quer voar? / Seth Godin; tradução: Mayumi Aibe. - Caxias do Sul, RS: Belas Letras, 2021.
	272 p.
	Título original: The Icarus deception: how high will you fly? ISBN: 978-65-5537-063-8
	1. Criatividade. 2. Liderança. 3. Sucesso pessoal. 4. Empreendedorismo. I. Aibe, Mayumi. II. Título.
21/89	CDU 658.3

Catalogação elaborada por Vanessa Pinent, CRB-10/1297

Dedicado a Tom Peters, Hugh MacLeod, Walter Dean Myers, Dan Pink, Sarah Kay, Kevin Kelly, Cory Doctorow, Susan Piver, Steven Pressfield, Pema Chödron, Zig Ziglar, Jay Levinson, Amanda Palmer, Neil Gaiman, Brené Brown e a todos os companheiros de viagem que se importaram a ponto de se levantar e dizer: "Aqui".

SUMÁRIO

INTRODUÇÃO   8

PARTE ZERO
Arte, a zona de conforto e a oportunidade da vida   13
Arte é o ato verdadeiramente humano de criar algo novo que seja importante para outra pessoa. O único refúgio que nos resta, o único caminho seguro, é ser alguém que faz arte.

PARTE UM
A economia de conexão exige que criemos arte   35
Na era industrial, a arte tinha pouca utilidade porque reduzia a produtividade da fábrica sistematizada. Essa era está chegando ao fim, e precisamos limpar o entulho que ela deixa para trás para construir algo mais valioso no lugar.

PARTE DOIS
Mitos, propaganda e *kamiwaza*   91
Os deuses somos nós, mas fomos enganados para pensar que não temos o direito de agir como eles.

PARTE TRÊS
Garra, arte e o trabalho que vale a pena fazer   129
O caminho possível é incomodar o sistema, se manter firme e escolher a nós mesmos.

PARTE QUATRO
Vergonha, vulnerabilidade e ficar nu   139
Sem dúvida, é difícil e assustador. Ao fazermos arte, nos colocamos em risco, pois isso faz parte do processo.

PARTE CINCO
Para fazer arte, pense como um artista. Para se conectar, seja humano   167
Mais de oitenta e sete ideias para refletir.

APÊNDICE UM
Histórias da vida real de quatorze artistas reais   249
Você pode ser um deles.

APÊNDICE DOIS
V de vulnerável: o abecedário de um artista   263
Alfabeto para artistas.

AGRADECIMENTOS   269

Agora somos todos artistas

Quanto tempo você vai esperar?

Eles falaram que você deveria ajeitar o currículo, cumprir todos os requisitos, se encaixar e seguir as instruções.
Eles falaram que você deveria engolir o orgulho e não seguir o seu sonho.
Eles prometeram umas bugigangas, recompensas e até possíveis riquezas se você simplesmente aguentasse tudo e fizesse parte do sistema, se só obedecesse às ordens e se conformasse.
Eles te venderam dívidas, serviços e programas de reality show. Eles também venderam seus filhos.
Tudo em troca do que aconteceria depois, quando chegasse a sua vez.
Agora é a sua vez.

Você não é a sua carreira

Sua capacidade de seguir instruções não é o segredo do seu sucesso.
Todos os dias, você esconde de nós o melhor trabalho que pode fazer, a melhor ideia e a melhor versão de si mesmo.
Sabemos o quanto você se importa e é uma pena que o sistema trabalhe o tempo todo para afastá-lo das pessoas e dos projetos de que gosta.

O mundo não é obrigado a sustentá-lo, mas, no momento em que você precisou, surgiu uma oportunidade de fazer a diferença.

É uma pena que esse tempo todo tenha sido desperdiçado, mas seria imperdoável continuar esperando. Você tem capacidade para contribuir bastante. Precisamos de você agora.

"Alguém tem alguma sugestão?"

Todos nós já ouvimos essa pergunta no fim de uma reunião. Às vezes, o moderador quer de fato dizer isso. Outras, o moderador, o chefe, a pessoa com um problema quer mesmo saber se o grupo tem uma proposta que ainda não foi testada ou uma ideia para compartilhar.

E a resposta é sempre a mesma. Silêncio. Uns olham de soslaio, talvez alguém folheie os papéis, mas ainda assim prevalece o silêncio.

É sério isso?

Uma sala cheia de profissionais altamente preparados, bem pagos e respeitados, e não tem ninguém que possa dar uma contribuição? Pois eu duvido.

Fique alguns minutos por perto e, se o moderador tiver conquistado um pouco de confiança, alguém vai se manifestar. E se essa pessoa não for massacrada sem dó, teremos mais um voluntário. Em seguida, outros mais. Até finalmente a sala se encher de energia, de uma agitação que dá para sentir. Enfim, temos a permissão de sermos humanos, de quebrarmos o silêncio, de compartilharmos o melhor trabalho de que somos capazes.

O que surpreende é que todos na sala são capazes de ver, analisar e resolver. Todos ali são capazes de sentir paixão. Conseguem se importar o suficiente para fazer alguma coisa – se destronarem o censor autoimposto, expandido de forma sistemática, que os mantém na linha.

Por que ninguém tinha se manifestado? Por que tivemos de esperar até a reunião acabar? De onde vem esse silêncio cheio de tensão?

Este livro não é para as outras pessoas. É para você. Se você já foi subestimado, se fizeram uma lavagem cerebral em você e o convenceram a permanecer invisível, este livro é seu.

Chegou uma revolução, a nossa revolução, que ilumina o que lá no fundo já sabíamos havia muito tempo: você é capaz de fazer a diferença, de ser ousado e de fazer mais mudanças do que está disposto a admitir. Você é capaz de fazer arte.

Ovos verdes e presunto

Talvez isto não dê certo.

Este livro pode não atingir o objetivo ou pode não ser direto o suficiente (ou pode ser direto demais). Eu saí da minha zona de conforto ao escrevê-lo e publicá-lo e espero que você saia da sua zona de conforto ao lê-lo.

Quero ajudá-lo a ver algo que está por toda parte, mas que talvez você não tenha notado ou esteja ignorando de propósito. Minha tarefa é fazer com que mais pessoas provem algo que não queriam, que experimentem uma nova maneira de trabalhar e pensar sobre o trabalho.

Para mim, é muito tentador aparar algumas arestas para eliminar os riscos e tornar esta missão óbvia e reconfortante. Quem dera eu pudesse escrever um livro fácil, garantido, e alcançar todas as pessoas que quero atingir. Mas não posso fazer isso.

Não posso desvirtuar este projeto porque esta revolução é muito importante. Obrigado por me deixar assumir o risco de escrever este livro e obrigado por assumir o risco de dar uma chance a ele.

Para capturar a raposa astuta

Construa na floresta uma cerca de madeira com dois metros e meio de comprimento.

Deixe uma isca e volte depois de uma semana.

A raposa é engenhosa demais para ser apanhada em uma armadilha simples: ela vai sentir o seu cheiro e evitar a cerca durante alguns dias. Mas, em algum momento, vai se aproximar e comer a isca.

No fim da semana, construa uma segunda cerca junto à primeira, de modo a formar um canto. Deixe mais isca.

A raposa vai voltar a evitar a cerca por uns dias e, depois, vai pegar a isca.

No fim da segunda semana, construa uma terceira cerca e um portão. Coloque mais isca.

Quando completar um mês, você vai encontrar a raposa pulando feliz dentro da segurança da cerca, e só terá de fechar o portão. Ela vai ficar presa.

É claro, foi isso que aconteceu conosco. A era industrial criou a armadilha na qual estamos presos, mas não foi de uma vez só. Ela foi aperfeiçoada ao longo de séculos. E nós fomos seduzidos. Seduzidos pela isca atraente do salário decente e das muitas recompensas. Seduzidos pela aparente segurança da cerca. E, assim que fecharam o portão, nos mantiveram lá dentro ao nos ameaçar com a vergonha, exagerar os riscos e usar a dependência da sociedade em recompensas cada vez mais chamativas.

No entanto, a nossa situação é ainda mais extrema do que a da raposa. Com o fim da era industrial e sua substituição por uma economia de conexão – a realidade escancarada da nova revolução econômica – a cerca foi desmantelada. Ela se foi.

Mas a maioria de nós não tem ideia de que não estamos mais aprisionados. Passamos por um processo tão profundo de lavagem cerebral, intimidação e socialização que ficamos espremidos, aguardando instruções, quando temos pela primeira vez uma oportunidade maravilhosa e única na vida de fazer algo extraordinário.

Este livro se desenrola a partir de uma suposição simples da minha parte: a de que você sabe como exercer a sua humanidade e fazer arte. Não é necessário aprender a fazer arte, mas às vezes precisamos de permissão para fazê-la. As pessoas se preocupam demais em seguir instruções.

PARTE ZERO

Arte, a zona de conforto e a oportunidade da vida

Por que fazer arte?

Porque você deve. A nova economia de conexão exige isso e só vai recompensá-lo dessa maneira.

Porque você pode. Arte é o que faz de nós seres humanos.

A Lição de Ícaro

Ao sul da ilha grega de Samos, fica o Mar Icário. Diz a lenda que foi lá que Ícaro morreu – vítima de sua insolência.

Seu pai, Dédalo, era um mestre artesão. Após ser mandado para a prisão por sabotar o trabalho do rei Minos, responsável pela captura do Minotauro, Dédalo elaborou um plano de fuga brilhante, descrito no mito que escutamos desde pequenos.

Ele montou asas para si e para o filho e as fixou com cera. Ao se prepararem para escapar, Dédalo alertou Ícaro para não voar muito perto do Sol. Fascinado com a magia de poder voar, Ícaro desobedeceu e voou alto demais. Todos nós já sabemos o que aconteceu em seguida: a cera derreteu e, com isso, Ícaro, o filho amado, perdeu as asas, despencou no mar e morreu.

Esta é a lição desse mito: não desobedeça ao rei. Não desobedeça ao seu pai. Não imagine que você é melhor do que é, e, acima de tudo, nunca acredite que é capaz de fazer o que um deus poderia fazer.

Tem uma parte que não te contaram: além de dizer a Ícaro para não voar alto demais, Dédalo o instruiu a não voar muito baixo, rente ao mar, porque a água faria as asas perderem a sustentação.

A sociedade alterou o mito ao nos incentivar a esquecer a parte sobre o mar, e criou uma cultura na qual constantemente lembramos uns aos outros sobre os perigos de se posicionar, se destacar e fazer barulho. Os industrialistas transformaram a insolência em pecado capital, mas de modo conveniente ignoraram um defeito bem mais comum: contentar-se com pouco.

É muito mais perigoso voar baixo demais do que alto demais, porque a primeira opção traz a sensação de *segurança*. Nós nos contentamos com expectativas baixas e sonhos pequenos e nos damos menos do que somos capazes. Ao voar baixo demais, não apenas traímos a nós mesmos, mas também afetamos quem depende de nós ou quem pode se beneficiar com o nosso trabalho. Estamos tão obcecados com o risco de brilhar intensamente que negociamos tudo o que importa para evitar isso.

O caminho aberto para cada um de nós não é o da estupidez imprudente nem o da obediência irracional. Não, o caminho diante de nós é sermos humanos, fazermos arte e voarmos muito mais alto do que nos ensinaram. Construímos um mundo onde é possível voar mais alto do que nunca, e a tragédia é que fomos seduzidos a acreditar que, em vez disso, deveríamos voar cada vez mais baixo.

Sua zona de conforto (*versus* sua zona de segurança)

Por muito tempo, essas duas coisas foram uma só. O alpinista que percebe que está fora da zona de segurança se sente desconfortável com isso e se detém – e sobrevive para escalar outro dia.

Você passou a vida toda administrando a sua zona de conforto e a sua zona de segurança. Aprendendo quando avançar e quando recuar, entendendo como é a sensação de estar prestes a atingir uma zona perigosa. Como a raposa, fomos treinados para ficar dentro da cerca, porque lá é seguro – até ser tarde demais.

Não temos tempo para reavaliar a zona de segurança toda vez que tomamos uma decisão, então, com o tempo, começamos a nos esquecer dela e prestar atenção apenas na irmã gêmea, a zona de conforto. Presumimos que o que nos traz conforto também traz segurança.

A cerca que nos impedia de sair não está mais lá, mas ainda assim nos sentimos confortáveis com os limites antigos. Agora que aconteceu uma revolução, agora que a economia está de cabeça para baixo e as regras mudaram, temos de enfrentar uma verdade óbvia:

A zona de segurança mudou, mas a sua zona de conforto não mudou. Aqueles lugares que pareciam seguros – o escritório com a melhor vista, a faculdade renomada, o emprego estável – não o são. Você está se limitando, apostando no retorno ao normal, mas no novo normal a sua resistência à mudança não vai mais ajudá-lo.

Nós cometemos um erro: nos conformamos com uma zona de segurança que não era ousada o suficiente, que valorizava a autoridade e a conformidade. Construímos nossa zona de conforto com base em sermos obedientes e invisíveis e, por isso, estamos perto demais das ondas.

Você pode ir a todas as reuniões, ler todos os livros e participar dos seminários que quiser, mas, se não descobrir como realinhar a sua zona de conforto com a zona de segurança atual, nem todas as estratégias do mundo serão capazes de ajudá-lo.

É simples. Ainda existe uma zona de segurança, mas ela não está em um lugar confortável para você. A nova zona de segurança é o lugar onde arte, inovação, destruição e renascimento acontecem. A nova zona de segurança é a criação incessante de conexões pessoais cada vez mais profundas.

Ir para uma nova zona de segurança é um pouco como aprender a nadar. Com certeza, é melhor saber sobreviver (e até se divertir) na água, mas depois de muito tempo se torna desconfortável. Reconhecer que a zona de segurança mudou pode ser o estímulo de que você precisa para reavaliar a sua zona de conforto.

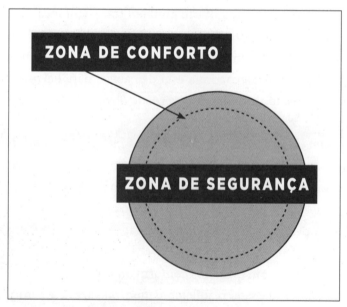

Pessoas bem-sucedidas alinham sua zona de conforto com o comportamento que as mantém seguras.

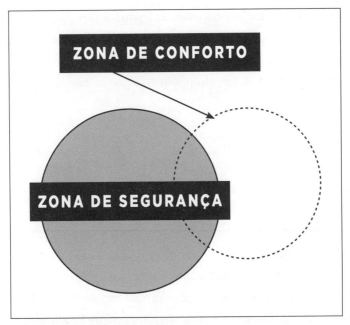

Mas o que acontece quando o espaço de segurança se desloca... e você não?

Caso se torne alguém que fica desconfortável quando não está criando mudanças, inquieto quando as coisas estão paradas e decepcionado quando passa muito tempo sem errar, você descobriu como se sentir confortável com os comportamentos que têm mais chances de lhe dar segurança ao seguir em frente.

Arte é a nova zona de segurança

Criar ideias que se disseminam e conectar os desconectados são os dois pilares da nova sociedade, e ambos requerem uma postura de artista.

Fazer essas duas coisas com regularidade e abdicação é o espaço da nova zona de segurança. Manter o *status quo* e lutar para se encaixar não funcionam mais pois a economia e a cultura mudaram.

Esta é a má notícia: não existe artista invulnerável. A zona de segurança atual não é tão confortável quanto a anterior. Passamos por cem anos de lavagem cerebral para aceitar o sistema industrialista e considerá-lo normal e seguro. Ele não é nenhuma dessas coisas, não por muito tempo.

Esqueça Salvador Dalí

Ao escutar a palavra "artista", você imagina Dalí com seus desvarios ou o autodestrutivo Jackson Pollock? Talvez você tenha sido treinado para achar que, para fazer arte, precisaria ser alguém como Johnny Depp ou Amanda F*** Palmer.

Essa noção é tanto perigosa quanto errada.

Oscar Wilde escreveu que a arte é "nova, complexa e vital". Arte não é algo que os artistas fazem. *Artistas são pessoas que fazem arte.*

A arte não diz respeito a um gene nem a um talento específico. Arte é uma atitude, impulsionada pela cultura e disponível para qualquer pessoa que escolha adotá-la. Arte não é algo vendido em uma galeria ou apresentado em um palco. Arte é a obra única de um ser humano, uma obra que toca o outro. Muitos pintores, veja só, não são de modo algum artistas – são imitadores em busca de segurança.

Conquistar novos territórios, fazer conexões entre pessoas ou ideias, agir sem um mapa – tudo isso são obras de arte e, se as faz, você é um artista, independentemente de usar uniforme, trabalhar no computador ou com colegas o dia todo.

Manifestar-se quando não é evidente uma resposta certa, ficar vulnerável quando seria possível se fechar e se preocupar tanto com o processo quanto com o resultado – essas são as obras de arte que a sociedade apoia e a economia demanda.

Táticas não substituem a arte

Compreender conceitos inovadores de negócios, como cauda longa, ponto da virada, vaca roxa e o método GTD, assim como todos os demais, é inútil se você não se comprometer. Então se comprometa com a tarefa assustadora de voar às cegas, assumir uma posição e fazer algo novo, complexo e vital – ou não vai acontecer nada de mais.

Em princípio, essas estratégias e táticas de ponta prometem um jeito de atingir os seus objetivos sem sofrimento. Você pode ler sobre uma nova estratégia, encontrar uma maneira garantida e impessoal de realizá-la, usar a máquina industrial para mirar um diferente nicho de mercado ou um novo tipo de técnica de anotações ou qualquer tipo de chavão e, pimba, surgem os resultados sem dor. Os vírus de ideias são liberados, os pontos da virada chegam e as caudas ficam mais longas.

É uma pena, mas não existe uma maneira de atingir os seus objetivos sem sofrimento.

Já li esses livros. Escrevi alguns deles. E adoro todos, mas as ideias são insuficientes se não existe comprometimento. Isso acontece porque é preciso mudança, é preciso paixão para não ficar uma estratégia vazia, sem pessoas dispostas a enfrentar o abismo.

Também já vi os olhares assustados de uma plateia de executivos da indústria da música, que contemplavam a morte desse setor (e as possibilidades existentes com seu renascimento). Já ouvi o tédio na voz de um gerente em mais uma reunião interminável. E testemunhei inúmeras oportunidades serem desperdiçadas por pessoas que não agiram quando tiveram a chance. Não porque não conseguissem decidir o que fazer, mas porque não estavam dispostas a fazê-lo.

A Microsoft, a Sony Records e um freelancer do seu bairro desperdiçaram oportunidades claras e óbvias – não por ignorarem o que havia em jogo, mas porque era mais fácil evitar um compromisso com uma nova maneira de pensar.

Estratégia e tática existem lá fora, no mundo frio dos consultores e das planilhas. São coisas que fazemos sem mudar a nossa maneira de pensar. Já a arte é pessoal, baseada em atitude, visão e comprometimento.

Este é um livro sobre o compromisso de fazer um trabalho pessoal, que exige coragem e tem o potencial de mudar tudo. Arte é o ato realizado por um ser humano, que faz um trabalho generoso ao criar algo inédito e tocar outra pessoa.

Este livro explica por que todos nós devemos produzir arte. Por que vale a pena. E por que não podemos esperar.

> **O mundo está cheio de pessoas comuns fazendo coisas extraordinárias.**

Arte é assustadora

Arte não é bonita.

Arte não é pintura.

Arte não é algo para pendurar na parede.

Arte é o que fazemos quando estamos realmente vivos.

Se você já determinou que não é um artista, vale a pena considerar por que tomou essa decisão e o que seria necessário para mudar de ideia.

Se você já estipulou que não tem talento (para nada!), então está se escondendo.

A arte pode dar medo.

A arte pode acabar com você.

Mas arte é quem somos, o que fazemos e é dela que precisamos.

Um artista é alguém que usa bravura, inspiração, criatividade e ousadia para desafiar o *status quo*. E um artista leva tudo para o lado pessoal: o trabalho, o processo, o feedback daqueles com quem buscamos nos conectar.

A arte não é um resultado, é uma jornada. O desafio dos nossos tempos é encontrar uma jornada digna do seu coração e da sua alma.

Não é um artista?

Esta é a resposta fácil. Os outros que são artistas. Eles não se vestem, agem ou trabalham como nós. Não são obrigados a ir a reuniões, são cheios de si, têm tatuagens e talento.

Mas, claro, isso é um absurdo.

Para ser recompensado pela obediência, você foi obediente.

Para ser recompensado pela submissão, você foi submisso.

Para ser recompensado pela competência, você foi competente.

Agora que a sociedade finalmente valoriza a arte, é hora de produzir arte.

Presume-se a qualidade

Presumimos que você fará algo de acordo com as especificações.

Presumimos que as luzes se acenderão ao ligarmos o interruptor.

Presumimos que a resposta está na Wikipédia.

Só estamos dispostos a lhe pagar a mais pelo que não presumimos, pelo que não podemos obter de maneira fácil, constante e gratuita. Precisamos que você forneça coisas que sejam inesperadas, escassas e valiosas.

A escassez e a abundância foram invertidas. O trabalho de alta qualidade deixou de ser escasso, assim como a competência. Temos um excesso de boas opções – há uma abundância de coisas para comprar e de pessoas para contratar.

A confiança, a conexão e a surpresa é que são escassas. Esses são três elementos presentes na obra de um artista de sucesso.

A nova escassez

Um tipo de escassez tem a ver com esforço. Você tem um limite de horas a dedicar, de suor a dar. O empregador paga pelo esforço porque não tem como contar com ele de graça. E o funcionário aplicado despende esforço extra para deixar uma marca, mas logo descobre que isso não é escalonável.

Outro tipo de escassez envolve recursos físicos. Os recursos estão se esgotando e ficando escassos. Paradoxalmente, com as tralhas que acumulamos e as comidas que devoramos, sobra cada vez menos espaço em casa e no corpo para armazenar tudo.

O terceiro tipo de escassez é algo novo: o trabalho emocional da arte. O risco envolvido em ir fundo para conectar e surpreender, a paciência necessária para construir confiança, a coragem exigida para dizer: "Eu fiz isso" – tudo isso é escasso e valioso. E é escalonável.

Vem aí o pessoal do barulho

Você é caos, e não há nada que o afaste.

Quando engenheiros de rede pensam sobre a segurança da rede, primeiro eles consideram um firewall, o qual foi projetado para impedir que informações indesejadas e vírus entrassem no sistema.

A internet não tem firewall. Todos nós podemos nos conectar a ela.

Cada um de nós representa o fantasma na máquina, o ruído, aquele que poderia mudar tudo.

O que você disponibiliza na internet altera o que recebe de volta. A rede conecta as pessoas umas às outras, às organizações e, o melhor de tudo, a ideias.

Essa nova rede celebra a arte, permite conexões, ajuda tribos a se formarem, amplifica o diferente e espalha ideias. Só não consegue suportar o tédio.

Se quiser escrever, temos os blogs. Escreva. Hoje, escritores como Xeni Jardin e Danielle LaPorte alcançam milhões de pessoas sem precisar da bênção da grande mídia.

Se deseja cantar ou fazer vídeos, bem, é claro que o YouTube terá o prazer de exibir seu trabalho para as massas. Judson Laipply já fez mais de cem milhões de pessoas se divertirem com o curta dele – um vídeo cuja filmagem não teve custo nenhum.

Se deseja compartilhar uma invenção, financiar um projeto ou derrubar um governo, a economia de conexão torna isso mais fácil do que nunca.

Você consegue imaginar isso se *fechando*? É só o começo.

> Revoluções trazem o caos total.
> É por isso que são revolucionárias.

Uma não hierarquia dos artistas

O pintor diante de uma tela em branco. O arquiteto que altera as normas de construção. O dramaturgo que nos faz chorar. O médico que se importa a ponto de fazer uma ligação. O detetive que soluciona um caso arquivado. A diva que interpreta um clássico de um jeito inédito. O representante de atendimento ao cliente que, apesar da distância e da pressa, estabelece uma conexão honesta. O empreendedor que ousa começar mesmo sem ter permissão ou autoridade. O gerente de nível intermediário que transforma uma reunião crucial com um único comentário.

E você?

A evolução das "Belas-Artes"

James Elkins observa que as escolas de Arte costumavam dividir a disciplina em apenas duas categorias: Belas-Artes e Arte Industrial.

Depois, os intelectuais criaram novas classificações: pintura, escultura, arquitetura, música e poesia.

A partir daí, foi um salto para categorias como performance, vídeo, filme, fotografia, arte de fibra, tecelagem, serigrafia, cerâmica, arquitetura de interiores, design industrial, moda, livros de artista, gravura, escultura cinética, computação, neon e holografia.

E eu acrescentaria: empreendedorismo, atendimento ao cliente, invenção, tecnologia, conexão, liderança e umas dez mais. Essas são as novas artes performáticas, as artes visuais inestimáveis, as artes pessoais essenciais.

Bem-vindo à economia de conexão

O valor que criamos está diretamente relacionado à quantidade de informações valiosas que conseguimos produzir, ao nível de confiança que conquistamos dos outros e à frequência com que inovamos.

Na economia industrial, as coisas que fabricávamos (coisas, literalmente: utensílios, dispositivos e anéis de vedação) constituíam os melhores ativos que conseguíamos produzir. As fortunas pertenciam aos homens que construíram ferrovias, lâmpadas e edifícios. Hoje buscamos algo que seja uma revolução diferente desse tipo de produtividade.

A economia de conexão recompensa o líder, o precursor e o rebelde.

A internet não foi desenvolvida para você ter acesso mais fácil aos clipes da Lady Gaga. Ela é uma máquina de conexão, então agora qualquer pessoa com um laptop ou um smartphone está conectada a quase todas as demais. E acontece que essas conexões estão mudando o mundo.

Se a sua fábrica pegar fogo, mas você tiver clientes fiéis, vai ficar tudo bem. Porém, se perdê-los, nem mesmo ela vai ajudá-lo – Detroit está cheia de fábricas vazias.

Se a sua equipe estiver repleta de gente que trabalha para a empresa, você logo será derrotado por tribos de pessoas que trabalham por uma causa.

Se gastar com publicidade para promover produtos comuns que fabrica para pessoas comuns, você logo ficará sem dinheiro. Mas, se investir em fazer produtos e prestar serviços excepcionais, não vai precisar pagar por publicidade, porque seus clientes vão se conectar uns aos outros e lhe trarão mais consumidores.

A economia de conexão mudou o jeito de conseguir um emprego e o que se faz depois disso. Mudou a forma de produzir e ouvir música, de escrever e ler livros e de descobrir onde comer, o que comer e com quem comer. Isso destruiu a mediocridade dos produtos comuns para pessoas comuns, com poucas opções, e possibilitou arestas fora do lugar, espaços onde pessoas que se importam encontram seus pares e, juntas, todas acabam se preocupando com algo ainda mais do que antes de se conhecerem.

A economia de conexão possibilita a infinidade de escolhas e de espaço na prateleira, além de premiar a atenção e a confiança, ambas finitas.

Acima de tudo, essa nova economia fez com que a competência deixasse de ser particularmente valiosa e a substituiu por um desejo insaciável por coisas novas, reais e importantes.

Novo, real e importante

Esses três elementos definem a arte.

A economia de conexão funciona com base em uma dieta regular de coisas novas, reais e importantes. Ela constrói um novo ativo, que agora podemos medir e avaliar pela primeira vez. De repente, não são prédios, regras ou embalagens que importam – o que gera valor são as pontes entre as pessoas, e essas estruturas são construídas pela arte.

O oposto de coerente...

Não é ser incoerente.

Só há uma maneira de colocar o baralho na ordem. Só existe uma forma de empilhar os pratos de acordo com o manual. A economia industrial valoriza a coerência.

Já a arte quase nunca é coerente. É confusa e acontece aos trancos. É difícil defini-la ou descrevê-la em um índice. É imprevisível.

E isso exige a nossa atenção. Funciona como o nosso cérebro, não como as máquinas.

É impossível falar de um modo coerente sobre a arte, o que não significa que você não possa compreendê-la.

O oposto de coerente é ser interessante.

Mudando seu referencial para o sucesso

Pessoas competentes gostam de ser desse jeito. Quando você se torna bom em alguma coisa, mudar o que faz ou o jeito de fazê-lo será estressante porque vai deixá-lo (temporariamente) incompetente.

A arte é ameaçadora porque sempre exige um afastamento da zona de conforto rumo ao desconhecido – um vazio escuro, o lugar onde o fracasso pode acontecer (assim como o sucesso). Então, sobretudo se formos bem-sucedidos em algo, nosso instinto é evitar o desconhecido. Para ficar na zona de conforto e ignorar o fato de que a zona de segurança mudou.

A arte é difícil, arriscada e assustadora.

Também é a única opção caso decidamos nos importar.

Ninguém o ensinou como fazer arte. Pensamos há gerações sobre o que significa desafiar o medo e criar algo de que valha a pena falar – algo que mude as pessoas –, portanto você não precisa começar do zero. Se decidir que é importante parar de obedecer e começar a criar, a primeira coisa a fazer é mudar seu referencial, a visão de mundo que leva para o seu trabalho.

O referencial altera o que vemos e aquilo que dizemos a nós mesmos que é importante. E a revolução está derrubando as suas antigas referências.

A oportunidade da vida

Ninguém gosta de ver a própria casa pegar fogo. Revoluções fazem isso. Elas destroem a perfeição, rompem com o *status quo* e mudam tudo.

E aí possibilitam o impossível.

A oportunidade que cada um de nós tem é clara: a revolução da conexão está embaralhando as cartas e permitindo que novas organizações e ideias prosperem. Alguém vai nos liderar, alguém vai explorar os limites, alguém vai criar coisas de valor incalculável.

O que aconteceu ontem acabou. Amanhã a porta estará escancarada, e essa é sua chance de se conectar.

Rejeito seu ceticismo categoricamente

Arte não é para "as outras pessoas".

Todas essas pessoas que você diz que são seus heróis artísticos... Essa gente toda que fez a diferença no mundo... Nenhuma delas cumpriu ordens. Nenhuma recebeu uma aprovação prévia. Nenhuma foi considerada uma grande estrela em uma idade precoce.

Então, por favor, não me diga que você tem que ser um artista nato para fazer arte. Eu não caio nessa.

Sua dor é real

É a dor da possibilidade, da vulnerabilidade e do risco. Quando para de sentir isso, você perde a sua melhor oportunidade de fazer a diferença.

A maneira mais fácil de evitar a dor é adormecê-la por ter encontrado um emprego que o entorpece. Em pouco tempo, a dor do artista será substituída por uma de outro tipo: a de ser uma peça na engrenagem, a dor de alguém que sabe que está desperdiçando seus dons e que não tem controle sobre o próprio futuro.

Essa troca não vale a pena. Como disse Joseph Campbell, fazemos arte "pela experiência de estar vivo". A alternativa é ficar entorpecido, tranquilizar-se com a falsa sensação de segurança oferecida pela promessa do raro trabalho bem pago no qual você cumpre as ordens de outra pessoa.

A dor faz parte de estar vivo. Arte narra o que é estar vivo.

Como um surto de crescimento para um adolescente, a dor de encarar o vazio no qual a arte vive faz parte do jogo, é o nosso estirão para um eu melhor.

Redefinição da coragem

A coragem nem sempre envolve heroísmo físico diante da morte. Nem sempre requer saltos gigantescos dignos de comemoração. Às vezes, coragem é a disposição de falar a verdade sobre o que você vê e assumir o que diz.

Para que haja coragem, deve haver risco, é claro. Não é preciso coragem para abrir a geladeira porque isso não traz um lado negativo. Não, coragem é necessária para assumir o nosso ponto de vista, pois isso traz riscos. Quando fala a sua verdade, você abre uma porta e permite que os outros falem com você, de forma direta, com o seu verdadeiro eu.

> Coragem é contar a nossa história sem ser imune às críticas.
>
> Brené Brown

Se não for distribuído, não é arte

A arte sempre envolve o choque com o mercado, a interação com um destinatário, um presente dado e um presente recebido.

Você pode planejar e esboçar um projeto e amaldiçoar o sistema durante horas seguidas, mas, se não distribuir a sua obra, você não fez o seu trabalho, porque ele inclui a *conexão* e a generosidade por trás dela. É perfeitamente possível que um dia a sua ideia seja descoberta e toque alguém ou faça a diferença. Mas, se esconder de nós a sua contribuição, não tem como você ser considerado um artista, pois não existe arte sem que uma conexão humana seja feita.

Não estamos à espera das suas histórias sobre ter um caderno cheio de ideias. Em vez disso, nos fale sobre as conexões que ativou e o impacto que causou.

O que você faz?

Faça conexões.
    Faça a diferença.
    Faça barulho.
    Faça tudo isso para deixar um legado.
    A economia rescindiu aquele trato simples: "Faça o que lhe mandam, siga o caminho mais seguro e vai conseguir ganhar a vida". Nunca foi tão difícil ganhar a vida. Diante das alternativas, cabe a você escolher.

A maioria das pessoas não acredita que é capaz de ter iniciativa

Iniciar um projeto, um blog, um artigo da Wikipédia, até mesmo uma viagem única em família. Iniciar algo sobretudo quando você supostamente não está no comando. Evitamos essas ações porque fomos treinados para evitá-las.

    Ao mesmo tempo, quase todo mundo acredita que é capaz de editar, dar feedback ou apenas criticar.

    Isso significa que é fácil encontrar pessoas para corrigir os seus erros de digitação. Encontrar alguém que diga "vai nessa" é quase impossível.

    Acho que a escassez de artistas está pouco ligada à capacidade inata de criar ou iniciar algo. Acredito que tenha a ver com acreditar que é possível e aceitável fazer isso. Essas portas foram escancaradas para nós há mais ou menos uma década, e a maioria das pessoas passou por uma lavagem cerebral para acreditar que o seu trabalho é revisar o mundo, e não projetá-lo.

Fomos treinados para preferir estar certos a aprender algo, preferir passar no teste a fazer a diferença e, acima de tudo, preferir se enturmar com as pessoas certas, aquelas com poder econômico. Agora é a sua vez de se posicionar e se destacar.

Uma pergunta rápida antes de seguirmos em frente...

Você acha que não precisamos da sua arte ou só tem medo de produzi-la?

PARTE UM

A economia de conexão exige que criemos arte

Oportunidades em meio às tralhas

Próximo à Praça Harvard, na Rua Oxford, nº 29, fica o Cruft Lab, que integra o departamento de Física de Harvard. Foi lá que George Washington Pierce criou o oscilador de cristal, cerca de cem anos atrás. Sem essa invenção, as estações de rádio não teriam se tornado viáveis comercialmente.

Mas o Cruft Hall é ainda mais importante por ter nomeado um conceito fundamental. "Cruft" é o termo de Engenharia para restos de detritos, códigos de computador inúteis, dispositivos quebrados, caixas vazias e tralhas de que precisamos desviar à medida que a tecnologia avança.

Ao longo de décadas, componentes de radar abandonados, placas de circuito obsoletas e tubos de vácuo ultrapassados se acumularam no laboratório. As janelas ficaram lotadas desses "crufts", desses entulhos, coisas que já tinham sido importantes, mas agora estavam apenas atrapalhando o caminho.

As revoluções eliminam a perfeição e possibilitam o impossível. Elas também nos assolam com entulho.

A arte de seguir em frente está em entender o que deixar para trás.

O plano mais simples é guardar tudo, adotar o que já funcionou e se esconder, principalmente se esconder, dos horizontes abertos no novo mundo pós-revolucionário. É bem fácil fazer isso e, se o mundo se mover devagar o suficiente, dá até para continuar desse jeito e não ter problemas durante um tempo.

Agora, não mais. Após ter estabelecido o sistema educacional, a jornada de trabalho, a economia e as expectativas que temos, atualmente a era industrial está morrendo – e mais rápido do que a maioria de nós esperava. Esse processo causa muita dor, indecisão e medo.

Estamos cercados pelo entulho da era industrial, por expectativas, crenças e padrões de um tempo que agora chegou ao fim.

Que oportunidade! Estar entre os primeiros a limpá-lo, a ignorá-lo, a se mudar para um prédio completamente diferente. Uma vida sem entulho para atrapalhar, uma carreira com foco no que você pode criar, e não no que precisa reproduzir.

A sociedade das realizações

Em 1959, o psicólogo e sociólogo David McClelland publicou um tratado inovador sobre por que ocorre um crescimento rápido em alguns momentos da história, e em outros, não. Ele estudou por que determinadas culturas não incorporam os avanços enquanto outras conseguem fazê-lo.

Acontece que não é uma etnia, o clima e nem mesmo o poder de um líder carismático que ocasiona fases de *boom* de crescimento. A Renascença, o Vale do Silício ou a explosão cultural na França no fim do século 19 são avanços culturais e técnicos que gostaríamos de repetir. Embora a tecnologia possa contribuir, realizações se originam sobretudo de uma cultura que celebra a motivação dessas conquistas.

Em países, regiões e épocas em que existe um imperativo cultural de fazer arte e avançar, as coisas mudam para melhor. Conforme eu escrevo isso, pode parecer óbvio, mas tudo indica que o ponto em comum é a existência de muitos indivíduos que *se importam a ponto de querer ter êxito*.

A partir de testes de inteligência, McClelland e seus colegas examinaram milhares de indivíduos, pedindo-lhes que descrevessem o que sonhavam acordados e contassem histórias sobre o que esperavam fazer no futuro. O que eles descobriram foi que a pontuação de *n* realizações (uma contagem simples de quantas vezes essas histórias indicavam a necessidade de uma conquista) deu uma visão extraordinária de uma série de decisões que os participantes tomaram em relação à vida profissional.

Por exemplo, uma pontuação de *n* realizações alta significava que a pessoa tinha uma probabilidade muito maior de ter "uma ótima memória", de ser "mais apta a ser voluntária como cobaia de experimentos psicológicos" e até mesmo de ser "mais resistente à pressão social". Significava ainda que ela se sairia melhor em jogos de desembaralhar palavras.

À medida que passamos de uma economia industrial que preza pela conformidade para uma economia conectada que valoriza as realizações, a questão é a seguinte: apoiamos essa mudança a partir de uma cultura que nos incentiva a sonhar com o que é importante? Como desafiamos quem vai realizar coisas? O que os incentivamos a fazer? Quando os encorajamos ou exigimos que esqueçam os testes padronizados e os guias para iniciantes para trabalhar no que realmente importa?

Mais do que seus pais fizeram

Se eu fizesse um discurso de formatura do ensino médio em 1920, eis o que diria:

Parabéns, homens! Vocês conseguiram terminar a escola, e agora é hora de irem trabalhar. Arranjem um emprego na General Electric, em Schenectady. Concordem em fazer o que o chefe mandar. Entrem para a linha de produção de lâmpadas ou de transformadores. Não larguem o emprego, mantenham a cabeça baixa e o nariz no trabalho.

É um bom cargo, um trabalho estável e um salário justo. Daqui a quarenta anos, em 1960, vocês vão se aposentar com uma pensão excelente e um apartamento pequeno quitado. Vão ganhar mais dinheiro do que seus pais, que tiravam o sustento da lavoura de milho.

E se fosse convidado a voltar quinze ou vinte anos depois para falar na formatura de escola dos filhos deles, eu poderia dizer:

Meninos e meninas, o futuro está aqui, e se chama faculdade. Seus pais trabalharam muito para que vocês chegassem até aqui, mas a caminhada ainda não acabou. Vão para a faculdade e abram a cabeça de vocês, aprendam a gerenciar, a organizar, a ser um gerente de nível intermediário.

Daqui a quatro anos, talvez consigam um emprego para gerenciar operários de uma das empresas "General" – a General Dynamics, a General Motors ou, é claro, a General Electric. As "General" precisam da ajuda de vocês para organizar a força de trabalho em expansão.

É um emprego estável e, além disso, paga bem.

Meu conselho provavelmente os levaria a seguir uma dessas profissões alguns anos depois. O degrau seguinte na escada é se tornar médico ou advogado.

E, quando a era da propaganda de massa na televisão chegasse, encorajaríamos a próxima geração a seguir carreiras como as de profissional do marketing, editor e analista de investimento – trabalhadores que manipulam ideias, não ferro. São trabalhos totalmente abstratos em comparação com o dos avós desses garotos, mas, outra vez, é subir mais um pouco a escada.

O que nos traz aos dias de hoje. Qual é o próximo passo? De agricultor para operário, daí para gerente, profissional, intelectual das massas...

Problemas de primeiro mundo (Oportunidades de primeiro mundo)

As castanhas da primeira classe não são tostadas. Durante meses, o Instagram não era disponível para Android. Eu tive que esperar mais de um minuto por um atendente de suporte técnico. Nada disso é justo. E agora a maior das indignidades: quem mudou minha zona de segurança?

É fácil se tornar uma espécie de paródia de si mesmo, se queixando das imperfeições em um mundo que se aproxima da perfeição cada vez mais. Finalmente conseguimos fazer o mundo industrial funcionar da maneira que deveria – e, nos subúrbios, arranjamos um lugar seguro, uma hipoteca, uma casa e o nosso sonho.

A revolução da conexão tornou mais fácil encontrar o que queremos, ter o que desejamos e reclamar do que não conseguimos ter.

Mas também abriu uma porta que nunca tinha sido aberta.

Com toda a perfeição primorosa do mundo privilegiado em que vivemos, também temos uma grande oportunidade. A rede ofereceu nos conectar com outras pessoas, o que é tão valioso quanto qualquer utensílio.

O valor da informação ficou óbvio quando a *TV Guide* (revista que traz a programação dos canais) foi vendida por uma quantia superior ao que algumas emissoras valiam. As informações sobre o conteúdo tinham mais relevância do que o próprio conteúdo.

E agora as empresas percebem que o tempo que os funcionários passam com os clientes (e a lealdade e o entusiasmo que isso suscita) gera mais valor do que a máquina que corta peças de aço na fábrica.

Em geral, o sucesso não é uma questão de ser o campeão dos preços baixos, mas de ser o líder de alta confiança.

Nosso desafio no futuro não é garantir que o aquecedor do banco do sedã de sessenta mil dólares esteja funcionando sem problemas; o desafio é aproveitar este breve instante, este momento em que estabelecer e valorizar uma conexão é mais fácil do que jamais será. Enquanto algumas pessoas estão polindo sistemas e aprimorando planilhas, um grupo cada vez maior de artistas está ocupado criando um trabalho ao qual vale a pena se conectar.

Embora possibilite milagres todos os dias, a economia de conexão também destrói o valor que havia na nossa antiga zona de segurança.

Não se preocupe com as suas coisas. Em vez disso, se preocupe em fazer algo que tenha significado.

Primeiro, o capitalismo capacitou os trabalhadores a gerar valor...

O açougueiro e o padeiro fazem uma troca. O açougueiro recebe um pão de fôrma e dá um pedaço de carne, e ambos se beneficiam. Ele não chegaria nem sequer perto de fazer o pão com a mesma eficiência do padeiro.

Em pouco tempo, o padeiro faz trocas o suficiente para comprar um forno melhor. Agora, o cozimento do pão ficou mais eficiente do que já era, e os clientes recebem um benefício ainda maior: mais qualidade, com menos custos.

Assim o capitalismo transformou o mundo. Todos que negociam se beneficiam, e o capital acumulado compra máquinas e paga processos que melhoram a produtividade, e dessa forma o processo se prolonga.

Depois, a industrialização aperfeiçoou o modelo capitalista (e destruiu a cultura, substituindo-a por algo mais chamativo)

O capitalismo foi refinado, condensado e reiterado até se tornar um monstro.

O industrialista não quer apenas negociar com cada vez mais produtividade, aumentando a qualidade e reduzindo os custos, mas insiste em mudar duas coisas que nunca tinham sido alteradas em uma escala descomunal e global.

Mude a cultura. O industrialista é suficientemente grande e poderoso e lucra o suficiente para agir como um rei. Ele não emite decretos reais, mas exerce poder por meio da publicidade e do lobby e ainda pela oferta de recompensas ilusórias a qualquer um que cumpra as suas ordens.

Graças aos industrialistas e seus lucros abundantes, a definição de sucesso foi alterada. A natureza da educação mudou. A própria maneira como gastamos o tempo e os recursos que temos foi transformada pela massificação da publicidade, do ensino e da produção.

O industrialista fez lobby para construir uma fábrica no rio e, em seguida, lançou resíduos em suas águas. Criou oportunidades em empregos repetitivos e na hierarquia entorpecente da gerência de nível intermediário. Exigiu ter um assento em todas as mesas, para influenciar a administração do governo, das escolas, da ciência e das instituições religiosas. Mas estava tudo bem, porque a produtividade que ele gerou nos tornou relativamente ricos, alimentou nossos filhos e também nos forneceu cuidados médicos. O industrialismo trouxe hospitais, aparelhos de CD e o Big Mac. O que isso poderia ter de ruim?

A mudança cultural foi mais longe do que a maioria esperava. Houve outra em seguida...

Mude nossos sonhos. Não podemos subestimar o impacto avassalador de mais de um século de doutrinação cultural. Aderimos à propaganda industrial com tanto entusiasmo que mudamos a própria natureza dos nossos sonhos.

Hoje, ser humano significa ter mais riqueza, uma saúde melhor e o ímpeto de influenciar os outros. Mas também é uma existência fundamentalmente diferente daquela que experimentamos durante milênios.

O industrialista precisa que sonhemos com segurança e com os benefícios da conformidade. Ele trabalha para nos vender um ciclo de consumo (o qual exige mais conformidade). E ainda se beneficia do nosso sonho de escalar a hierarquia corporativa, uma escada que é *dele*.

O capitalismo é movido pelo fracasso – das ideias que não deram certo, da corporação derrotada por um novo concorrente. Industrialização tem a ver com eliminar o risco de fracasso, com manter o *status quo* e consolidar o poder. Ficar "grande demais para falir" é o objetivo de todo industrialista, mas esse "grande demais para falir" significa que o capitalismo não funciona mais.

Não é pessoal, não pode ser

Depois de quase um século de esforço, o sistema industrial criou a fábrica à prova de operários.

Tudo bem se a pessoa que monta a pizza da Domino's ou o iPhone da Apple não estiver nem aí. O sistema se importa e mensura cada movimento, cada detalhe da produção, de forma a monitorar tudo que sai fora da curva.

Tudo bem se o funcionário do banco não der a mínima – o trabalho pra valer é feito por um caixa eletrônico ou por uma planilha. Sistematizamos e mecanizamos cada etapa de todos os processos.

Ao eliminar o aspecto "pessoal" da linha de frente, o sistema industrial garante que poderá tanto manter a qualidade quanto ter mão de obra cada vez mais barata (e cada vez mais reduzida).

Reflexão sobre a gosma rosa

Quando Eldon Roth inventou as "aparas de carne bovina magra desossada", parecia um caminho óbvio do sistema de produção de carne industrializada. Misture um produto químico refinado (hidróxido de amônio) com os últimos resquícios de gordura e as aparas que sobraram após o abate da vaca. Aqueça tudo, coloque na centrífuga, refine novamente e poderá adicionar essa mistura pastosa à carne moída, reduzindo o custo para o consumidor.

Este foi apenas o avanço mais recente na industrialização da produção de alimentos. Desde o modo de criar e dar ração ao gado até o de mecanizar e escalonar o trabalho, todas as etapas do processo são otimizadas em termos de rapidez, custo e eficiência. Se muitos desses avanços não tivessem ocorrido, teríamos que mudar o nosso estilo de vida, ou haveria escassez de comida.

Em algum momento, contudo, várias pessoas decidiram que ingerir gosma rosa era um tanto descabido. Chegaram à conclusão de que pagar dois centavos a menos a cada meio quilo de carne moída não compensaria a justificativa que dariam a si mesmas sobre como foi feito esse alimento.

Os industrialistas sempre foram aplaudidos por competirem para gerar mais eficiência, escalabilidade e rapidez. Mas tanto a economia quanto a ética da última etapa da industrialização não são de fato escalonáveis. Não podemos torná-la muito mais veloz nem muito mais barata, e desumanizar tudo que tocamos tem um preço.

O industrialismo se espalhou

Hoje, a mídia é industrializada, e ninguém na cadeia de produção assume a responsabilidade pelo que é noticiado. Além disso, há menos vozes independentes e existe uma mesmice previsível projetada para tornar o sistema cada vez mais eficiente.

As religiões organizadas também seguiram esse modelo. Isso ocorreu ainda com os esportes mais populares. Industrialistas poderosos definem o que leva ao domínio e à estabilidade a longo prazo, em vez de celebrar o risco e a humanidade. Essas decisões mudam o que assistimos, como vivemos e com o que sonhamos.

O modelo industrial baseado em cadeia de comando e controle e na prevenção do fracasso agora permeia todos os aspectos da cultura.

O cara do macaco dançarino

O ex-ator, ex-comediante e ex-delinquente (por incendiar o sofá de Jay Leno) Bobcat Goldthwait escreveu:

> Já fui apresentador de um game show, um fantoche falante e um brinquedo do McLanche Feliz. Como ator, já fui dublado em mais idiomas do que posso nomear. Recebi cheques gordos dos estúdios e viajei ao redor do mundo. E estava infeliz o tempo todo. De verdade, ser o cara do macaco dançarino era... horrível. Hoje não sou amargurado com isso (não sou, é sério), porque ficou para trás. Hoje eu amo a minha vida. Mas demorei quase trinta anos para chegar neste ponto.

O jogo não é necessariamente legal só porque você está ganhando.

Imagens instantâneas da era industrial: conformidade é a nossa melhor opção?

A era industrial que está desaparecendo ao nosso redor foi construída em torno da produtividade. O motivo de tudo isso – para o êxodo das fazendas, o crescimento da mídia de massa, a padronização das escolas, das estradas e do mercado – foi que a produção em massa, as peças intercambiáveis e o mercado massificado eram insanamente produtivos.

Itens simples do cotidiano feitos à mão, como o pão, foram industrializados. O pão industrial era produzido de forma mais barata e rápida e gerava lucros com mais facilidade. Por conta disso, a farinha se tornou branca, os canais de distribuição se estenderam e a personalidade do padeiro foi separada do pão que ele assa. O pão de fôrma branco Panco ou Plus Vita é um artefato de seu tempo, uma representação da força do sistema, independentemente do resultado.

Em 1919, C.A. Adams, da Universidade de Harvard e da Agência de Padrões dos Estados Unidos, escreveu:

> A maioria de nós fala de padronização de modo vago, em geral tendo em mente algum aspecto particular do tema, mas sem uma compreensão plena da abrangência dessa palavra, da magnitude e da importância do campo em questão, e também sem entender que a cooperação imprescindível para a existência da sociedade moderna só é possível, por sua vez, com amplas medidas de padronização. *Quase se poderia dizer que o grau de padronização em um país é uma medida de sua civilização*, certamente no sentido material da palavra [grifo meu].

A LIÇÃO DE ÍCARO

J. Edgar Hoover industrializou o FBI ao transformar a aplicação da lei, antes realizada de modo artesanal por uma corporação local, em uma operação sistematizada e padronizada.

George Anders relata que Hoover (que dirigiu o FBI por quarenta e oito anos) estruturou uma organização com mais de oito mil agentes. A lista não incluía nenhuma mulher e tinha menos de cento e cinquenta homens negros, asiáticos ou latinos. Em uma demonstração espantosa de conformidade de cima para baixo, Hoover visitou a academia de treinamento do FBI e disse a um tenente que não gostava de ver "cabeças-ocas" no quadro da instituição. O FBI então abriu o armário de todos os *trainees*, mediu o tamanho do chapéu deles e expulsou três candidatos por usarem um número menor do que sete.

Em 1947, uma empreiteira e construtora pertencente a uma família inventou o subúrbio moderno. Levittown era uma subdivisão produzida em massa, industrializada e otimizada, um local onde as casas eram construídas com eficiência (a Levitt & Sons finalizava trinta casas por dia). A demanda por moradia barata, massificada, com aprovação imediata da sociedade, fez com que a primeira etapa de Levittown se tornasse um sucesso total em menos de dois dias.

A conformidade era mais fácil, segura e barata do que a diversidade.

Escrever um currículo não é algo particularmente difícil. O layout, a tipografia e o tipo de papel são padronizados.

O objetivo do currículo não mudou, mas a forma como é processado, sim. Não é incomum que uma grande empresa receba mais de dois mil currículos por dia. Eles não são lidos por uma pessoa, mas por um computador.

O computador busca sinais – os de conformidade. Você fez uma faculdade famosa? Trabalhou para uma marca conhecida? Ocupou um cargo que corresponde ao que a empresa considera que está procurando?

A massa é tão grande, há tantas pessoas... Como o sistema poderia processar as massas de outro modo?

A faculdade mudou. Os fundadores de Harvard e de Oxford teriam dificuldade em reconhecer as instituições industrializadas que temos hoje.

Elas não tiveram escolha a não ser padronizar e industrializar. Como o papel da faculdade passou de uma escola de Teologia e um refúgio para estudiosos para o de uma instituição na qual a elite conclui os estudos, assim como qualquer pessoa em busca de uma posição de influência, a principal saída foi estabelecer um currículo escalonável, que poderia ser industrializado a ponto de dar conta da demanda.

A faculdade começou como *universitas magistrorum et scholarium* – uma comunidade de mestres e acadêmicos. Era um recanto, um lugar aonde se ia para se perder nas ideias, para descobrir e vagar e para traçar um percurso acadêmico.

Hoje em dia, é um lugar aonde vamos para trocar dívidas a serem pagas ao longo da vida toda por horas de crédito, um diploma e, talvez, um bom emprego. O número de pessoas que cursam universidade é tão grande (em termos da porcentagem da população, é dez vezes maior do que algumas gerações atrás) que essas instituições precisam necessariamente padronizar os requisitos para obtenção do diploma, além de testar e medir, enquanto competem entre si para tornar suas faculdades cada vez mais famosas por meio de rankings artificiais e partidas de futebol americano.

> Todo mundo é um gênio. Mas se você julgar um peixe pela habilidade de subir em uma árvore, ele passará a vida inteira acreditando que é burro.
>
> Albert Einstein

Na era industrial, a padronização não era uma escolha. Era imprescindível para a industrialização.

Na era conectada, originalidade e arte também não são uma escolha. É impossível fazer o trabalho diante de nós sem essas duas coisas. É impossível se conectar sem arte.

A antiga zona de segurança está morta. Vida longa à nova zona de segurança!

Sacrifícios perante Moloch

> Moloch cuja mente é pura maquinaria! Moloch cujo sangue é dinheiro em circulação! Moloch cujos dedos são dez exércitos! Moloch cujo peito é um dínamo canibal! Moloch cujo ouvido é um túmulo fumegante!
>
> Allen Ginsberg, "Uivo"

O sistema cobrava um preço alto por suas promessas de segurança, garantia e quinquilharias como recompensa. Exigia que desistíssemos de ter a nossa própria voz e aceitássemos outros sonhos, menos importantes.

Ganhamos um SUV em troca de dívidas, sem dúvida, mas nessa negociação perdemos o pensamento independente e a capacidade de levantar e dizer: "Olha o que eu fiz".

A nova economia conectada exige outros sacrifícios e oferece um tipo diferente de zona de segurança. Nela, estamos cercados não pelo mercado de massa, mas pelo estranho, pelos poucos que se importam profundamente com o que somos capazes. Essa economia exige dinamismo e flexibilidade da nossa parte – não se trata de fabricar o mesmo item em menos tempo, gastando menos, em uma competição rumo ao fundo, mas de conectar, entreter e surpreender a partir dos nossos sonhos mais vívidos.

Não é para todos

O estranho são as pessoas fora da zona habitual. A distribuição de produtos e serviços comuns governou a vida das últimas quatro gerações. Foi a curva que definiu o mercado de massa, que indicou de que maneira o marketing e a manufatura seriam eficientes.

Os aparelhos de DVD custam oitenta dólares porque é barato produzi-los quando todo mundo quer um. Abre um Walmart em uma cidade, e as massas vão fazer compras lá, o que possibilita uma grande oferta de produtos e preços mais baixos. O marketing de massa é eficiente.

Mas a internet e a economia de conexão viraram a economia de massa de ponta-cabeça. Agora é mais barato e eficiente fazer produtos ousados e surpreendentes para casos excepcionais e estranhos (que ouvem, falam e se importam) do que empurrar mais um produto comum para as pessoas comuns já sobrecarregadas no meio da curva.

Melhor prevenir do que remediar

Na era industrial, a era da padronização e das peças intercambiáveis, tudo girava em torno da segurança.

O sistema é tão valioso, os processos são tão aprimorados que a segurança garante produtividade e lucros.

Mantenha o fluxo. Mantenha a eficiência. Mantenha a confiabilidade.

Melhor remediar do que prevenir

E esse é o cerne da discussão sobre o nosso futuro.

Na era industrial, não há dúvida de que era melhor prevenir do que remediar. Era melhor fechar um aeroporto durante horas antes de a tempestade chegar do que correr o risco de um avião ficar preso em algum lugar.

Como o poder e o impacto da era industrial atingiram o auge e, de modo inevitável, diminuíram, a segurança deixou de ser útil. Podemos estar o mais seguros possível, e isso não vai gerar crescimento, nem tirar proveito das inúmeras conexões que podemos fazer agora, nem trazer benefícios. Os representantes de Moloch vão escolher alguém que seja uma escolha ainda mais segura do que você, com certeza absoluta.

Não, o único caminho que resta dá preferência a nunca prevenir e a só remediar em caso de arrependimento.

Arrependimento?

É, acontece, pela vulnerabilidade, pela imprevisibilidade e pelos diversos fracassos. Junto com a alegria da conexão, das descobertas e da humanidade.

A resposta certa

> Ele sentiu o corpo todo quente e confuso por um instante. Qual é a resposta certa para a pergunta? Ele dera duas respostas, e ainda assim Wells riu. Mas Wells *deve* saber a resposta certa, pois era o terceiro em gramática.
>
> James Joyce, *Um retrato do artista quando jovem*

A busca pela resposta certa é inimiga da arte. Ela pertence aos industrialistas preocupados com a produtividade, a Taylor e aos familiarizados com Administração Científica.

Ícaro foi instruído a não voar alto demais nem baixo demais. Mas qual é a altitude certa? Onde está o mapa, onde está o meio-termo seguro?

A arte não tem uma resposta certa. No máximo, podemos esperar uma interessante.

Mas dá para fazer isso?

Você tem o que é necessário? Tem a capacidade de fazer um trabalho importante, de fazer arte, de desafiar o *status quo*? E se isso for para outras pessoas, e não para você?

É sabido que Malcolm Gladwell disse que a maioria dos jogadores da NHL são nascidos em janeiro, fevereiro ou março. O motivo, ao que parece, é que, quando se tem oito anos, ser nove meses mais velho do que as demais crianças é uma grande vantagem. É ela que possibilita ganhar uma vaga na delegação, mais tempo no rinque e um melhor treinamento, e tudo isso se soma. De certa forma, alguns garotos canadenses nascem para jogar hóquei, se "nascer" significar o país certo, na data de nascimento certa.

Se o seu objetivo for entrar um dia para a NHL, então seu signo no zodíaco faz uma boa diferença.

Felizmente para o restante de nós (ou todos nós?), a arte não apenas é possível: é inevitável se permitirmos que aconteça.

Há tantos lugares em que a arte e a conexão são necessárias, tantos caminhos abertos, tantas oportunidades, que ninguém fica de fora. Não se trata de termos ou não o que é preciso, mas sim de escolhermos ou não correr atrás disso.

Claro que é difícil superar uma vida inteira sendo educado de um jeito (fora a lavagem cerebral). Novos hábitos terão que ser criados, assim como novas expectativas para acompanhá-los. Mas a notícia surpreendente é que, pela primeira vez que se tem registro na história, não importa tanto onde você nasceu nem o que seu DNA determina – a economia de conexão espera que você dê um passo à frente, e somente a resistência vai tentar contê-lo.

> Tenha paciência com tudo o que não está resolvido no seu coração e tente amar as próprias questões.
>
> Rainer Maria Rilke

Esperança, a loteria e conformidade

Esperança é uma parte essencial da condição humana. Sem ela, definhamos e perecemos.

Mas como criar esperança em uma sociedade industrializada, em uma economia na qual a conformidade na linha de montagem é a melhor forma de gerar produtividade? A economia se transformou em uma loteria gigante.

Talvez você seja escolhido para participar do *American Idol*. Talvez processe alguém e ganhe uma bolada inesperada. Talvez seja você o escolhido a virar sócio por conta do seu trabalho árduo (mas também pode não ser).

Enaltecemos os nomes na lista da *Forbes*, os mestres do universo e os poucos sortudos que acertaram a loteria corporativa porque é um jeito velado de celebrar a nossa chance de um dia ganhá-la. Como em geral ocorre com as loterias, esse é um jogo de perdedores, em que as probabilidades estão contra nós. O que a princípio seria uma meritocracia é, na verdade, um jogo viciado, uma roda da fortuna.

Os profissionais do marketing oferecem à população um fluxo constante de produtos que aparentemente vale a pena comprar. As emissoras intercalam os anúncios com programas para entreter e divertir. Sente-se calmamente, faça o que lhe mandam e, talvez, um dia, você vá quitar as dívidas e ser um vencedor.

A alternativa a isso, que é a criação independente de arte, não acontece da noite para o dia. Não acontece de você ganhar na loteria de arte, ser escolhido e, de repente, descobrir que todas as portas estão abertas e todo mundo está receptivo à sua visão, à sua generosidade e ao seu talento. Não, o compromisso com a arte é o retorno de um hábito ancestral, que foi extinto de modo implacável durante muito tempo.

Não podemos pedir demissão de repente e em seguida correr para encontrar uma forma de arte que dê dinheiro antes do vencimento da próxima parcela da hipoteca. Criar arte é um hábito que praticamos todos os dias ou horas até ficarmos bons.

A arte não tem a ver com a adrenalina da vitória que surge ao sermos escolhidos. Tampouco diz respeito à conformidade. A arte na era pós-industrial é um hábito para a vida toda, um processo por etapas que gradativamente nos permite criar ainda mais arte.

Os ativos que importam

Organizações bem-sucedidas perceberam que seu negócio não é mais inventar slogans, veicular anúncios apelativos e otimizar cadeias de suprimentos para cortar custos.

E freelancers e profissionais independentes descobriram que fazer um bom trabalho por um preço justo não é mais suficiente para garantir o sucesso. Nunca foi tão fácil encontrar quem faça um bom trabalho.

O que importa agora:

- Confiança
- Permissão
- Notabilidade
- Liderança
- Histórias que se espalham
- Humanidade: conexão, compaixão e humildade

E a questão é a seguinte: esses seis itens são resultado de um trabalho bem-sucedido feito por artistas. Esses ativos não são gerados por estratégias externas, MBAs e memorandos de posicionamento. São resultados de traumas internos, de decisões corajosas e da vontade de viver com dignidade.

Eles têm a ver com se destacar, em vez de se encaixar; com inventar, em vez de replicar.

CONFIANÇA E PERMISSÃO: Em um mercado aberto a praticamente qualquer pessoa, só ouvimos quem escolhemos. A mídia é barata, com certeza, mas a atenção é filtrada e é quase impossível ser ouvido, a menos que o consumidor nos permita. Quanto mais valiosa é a atenção de alguém, fica mais difícil conquistá-la.

E quem é ouvido?

Por que alguém ouviria um cara engraçadinho, um charlatão ou um vendedor chato? Não, optamos por ouvir aqueles em quem confiamos. Fazemos negócios e doamos para quem conquistou a nossa atenção. Procuramos pessoas que nos contam histórias importantes, ouvimos essas narrativas e nos envolvemos com esses indivíduos ou empresas que encantam, confortam ou surpreendem de maneira positiva.

E todos esses comportamentos são atos de pessoas, não de máquinas. Nós acolhemos a humanidade daqueles à nossa volta, sobretudo porque o resto do mundo parece se tornar mais desumano e frio. De quem você sentirá falta? De pessoas às quais dá atenção.

NOTABILIDADE: A mesma propensão à arte existe no modo como selecionamos as ideias que vamos compartilhar com nossos amigos e colegas. Ninguém fala sobre o que é chato, previsível ou seguro. Não nos arriscamos em interações para convencer as pessoas de algo óbvio ou banal.

> O notável é quase sempre novo, ainda não testado, revigorante e arriscado.

LIDERANÇA: Gestão é quase diametralmente oposta à liderança, já que consiste em gerar os resultados de ontem, mas de forma um pouco mais rápida ou um pouco mais barata. Sabemos como administrar o mundo: de maneira incansável, buscamos cortar custos e limitar a variação, enquanto exaltamos a obediência.

Liderança, porém, é outra história. Ela coloca o líder em risco. Sem manual, sem regras, sem um líder maior para apontar o dedo quando as coisas dão errado. Se você pedir a alguém um livro com as regras sobre como liderar, é por sentir um desejo secreto de ser gerente.

Os líderes são vulneráveis, não controlam e estão nos deslocando para um lugar que não é o da segurança barata, rápida e obediente.

HISTÓRIAS QUE SE ESPALHAM: O próximo ativo que faz a nova economia funcionar é a história que se espalha. Antes da revolução, em um mundo de escolhas limitadas, o espaço nas prateleiras fazia uma diferença enorme. Você podia comprar seu espaço na prateleira da loja, podia ser o único na cédula de votação, podia usar uma conexão para fazer seu currículo chegar nas mãos do responsável pelo processo seletivo. Porém, em um mundo de abundância de opções, nenhuma dessas táticas é eficaz. Quem toma a decisão tem muitas alternativas à disposição, há muita bagunça acumulada, e os recursos escassos são atenção e confiança, não o espaço nas prateleiras. Essa situação é difícil para muitos porque essas duas coisas não podem ser adquiridas, precisam ser conquistadas.

Ainda mais difícil é a magia da história que importa. Depois que a confiança é conquistada e o seu trabalho é visto, apenas uma fração dele é mágica a ponto de valer a pena espalhar. Mais uma vez, essa mágica é obra do artista humano, não da máquina corporativa.

HUMANIDADE: Não cultuamos os industrialistas do mesmo jeito que fazíamos. Em vez disso, buscamos a originalidade humana e o cuidado. Quando preço e disponibilidade não são mais vantagens suficientes (porque tudo está disponível e o preço não é mais novidade), então o que nos atrai é a vulnerabilidade e a transparência que nos unem, que fazem do "outro" um de nós.

Durante muito tempo, as massas ainda clamarão por algo barato, óbvio e confiável. Mas as pessoas que você busca liderar, as que estão ajudando a definir os próximos passos e o que será interessante explorar, querem a sua humanidade, não os seus descontos.

Todos esses ativos, reunidos em um só, fornecem a base para quem realizará as mudanças do futuro. E esse indivíduo (ou a equipe que ele lidera) não tem outra escolha a não ser construir esses bens a partir de uma novidade, de uma nova abordagem para um problema antigo, com um toque humano sobre o qual vale a pena conversar.

> Se conter é muito parecido com roubar.
>
> Neil Young

Nada se compara ao *show business*

Como Ethel Merman cantava a respeito da infelicidade do trabalhador, eles "são pagos pelo que fazem, mas não recebem aplausos".

Não se trata do aplauso da plateia, é claro, mas daqueles que surgem de uma conexão pessoal com alguém satisfeito com o trabalho do operário, encantado com suas decisões e grato pelo seu esforço.

Se você fez o que lhe mandaram fazer, a impressão que dá é que o trabalho não lhe pertence. O artesão e o artista dizem: "Aqui, eu fiz isso". O trabalhador é orientado a seguir instruções.

É extraordinário que a revolução esteja transformando a maioria dos negócios em *show business*. Mesmo projetos não empresariais, da escola à arrecadação de fundos, estão mais parecidos com esse modelo.

A venda de uma caixa de biscoitos, por exemplo, não é mais uma simples transação de dinheiro em troca de um doce crocante. A história dos biscoitos vendidos pelas escoteiras, a embalagem chique do biscoito Tate's ou a maravilha sem glúten em forma de biscoito caseiro feito pela padaria do bairro – tudo isso é *show business*, não um mero biscoito.

O médico que passa 25% do tempo escrevendo artigos e textos em blogs ou aparecendo na televisão para contar a história do seu novo procedimento certamente não pratica Medicina de uma maneira que o pai dele reconheceria.

O recepcionista do hotel, o agente de talentos e o mecânico de automóveis estão todos descobrindo que, ao passarem das tarefas para a apresentação, da especificação para a conexão, agregam bem mais valor do que jamais conseguiram.

Pela primeira vez na história, a maioria de nós tem a chance de decidir o próximo passo a tomar, o que produzir, como distribuir isso. A maioria não vai se arriscar, mas a oportunidade está aí.

Conexão requer trabalho emocional

Se você quiser a minha atenção e gratidão e acesso à minha alma, vai conquistar isso com seu trabalho emocional. A economia anterior foi construída com base no trabalho árduo, físico e não escalonável. Era *físico* porque envolvia músculos ou tarefas intelectuais repetitivas. *Não escalonável* porque um pouco mais de esforço só gerava um pagamento ligeiramente maior. E porque muito mais esforço era inviável.

A economia atual é construída em torno da arte, criada pelo trabalho emocional, ao colocar risco, alegria, medo e amor em cena.

O trabalho emocional é escalonável no sentido de que *um pouco mais de dedicação em geral vale muito*.

A conexão entre as pessoas é sempre resultado de trabalho emocional, e não de trabalho físico. Ativos como confiança, liderança e diálogo só podem vir do difícil trabalho de criar arte pessoal.

É mais fácil falar do que fazer.

A maioria de nós concorda com a cabeça, reconhece a necessidade de criar esses laços de conexão por meio do trabalho emocional, bastante assustador e exaustivo e, logo em seguida, volta à velha zona de conforto do trabalho físico, no qual se seguem instruções. Porque sentimos que ele é menos arriscado e nos permite entrar em negação.

O coração da economia de conexão

Não me importa o seu número de amigos no Facebook nem o de seguidores no Twitter. Não são amigos nem seguidores de verdade.

Eu me importo com o quanto as pessoas sentirão a sua falta caso você não volte aqui amanhã.

Conexão envolve uma troca complexa de informações, expectativas e cultura. Envolve estarmos abertos para os outros, criando momentos de vulnerabilidade que nos provocam medo. Exige humanidade e generosidade, e não o rearranjo de *bits* digitais.

A troca significa que não depende mais só de nós: é uma parceria, não um comunicado. Quando abrimos mão do controle sobre o resultado das nossas interações, permitimos que outros se conectem conosco e uns com os outros.

A abundância da economia de conexão

Conforme passam os últimos dias da era industrial, vemos os principais ativos da economia serem substituídos por algo novo. Na verdade, é algo antigo, mas em grande escala.

A era industrial girava em torno da escassez. Tudo o que construiu a cultura, melhorou a produtividade e definiu a nossa vida estava relacionado à demanda por itens escassos.

Já a economia de conexão adota a abundância. Não, não temos um suprimento infinito de recursos como os que costumávamos negociar e cobiçar. Não, tampouco temos tempo de sobra, sem dúvida. Mas temos uma abundância de escolhas, de conexões e de conhecimento.

Mais do que nunca, conhecemos pessoas, temos acesso a recursos e podemos potencializar as nossas habilidades com uma rapidez e em um nível inéditos.

Essa abundância leva a duas corridas. A corrida rumo ao fundo é o desafio impulsionado pela internet para baixar os preços, encontrar mão de obra mais barata e entregar mais por menos.

A outra corrida é rumo ao topo, a oportunidade de ser o profissional indispensável, de se tornar uma peça fundamental (alguém que, se não aparecesse, nos faria falta). A corrida até o topo é focada em *entregar mais por mais*. Ela aceita as paixões estranhas de quem tem recursos para fazer escolhas e recompensa a originalidade, a notabilidade e a arte.

A economia de conexão continua ganhando força porque as conexões são escalonadas, a informação gera mais informação e a influência é revertida para quem cria essa abundância. À medida que se ampliam, essas conexões, de forma paradoxal, tornam mais fácil para outras pessoas também se conectarem, porque qualquer um que tenha talento ou paixão pode aproveitar as redes já criadas e aumentar o seu impacto.

Assim como a rede de telefonia se torna mais valiosa quando mais telefones estão conectados (a escassez é a inimiga do valor em uma rede), isso acontece com a economia de conexão à medida que a ampliamos.

Amigos nos trazem mais amigos. Uma boa reputação nos dá a oportunidade de construir uma ainda melhor. O acesso à informação nos incentiva a buscar cada vez mais informações. As conexões na nossa vida se multiplicam e se tornam mais valiosas. Já as coisas que possuímos só se desvalorizam com o tempo.

A oportunidade de dizer "vai"

Ao mesmo tempo que a economia de conexão destruiu a relevância do *status quo*, ela criou uma oportunidade para qualquer pessoa que escolher se conectar. A conexão não é criada por fábricas caras ou por uma força de trabalho numerosa, então a barreira que impedia o avanço individual cai por terra. Não se trata do que você tem, mas de estar preparado para ser corajoso.

Conexões podem ser feitas on-line ou off-line e têm valor. Em vez de depender de guardiões que fecham o caminho de quem não tem o diploma certo, uma família rica ou os melhores contatos, a economia de conexão funciona de forma horizontal – e isso permite que qualquer um se apresente e faça uma oferta.

Claro, a maioria delas, a maior parte dessa arte, é rejeitada. A economia de conexão oferece um valor tremendo para quem se conecta, mas isso não significa que a conexão seja garantida. É valiosa porque é muito escassa. Felizmente, o custo de descobrir o que cria uma conexão é menor do que pensamos, e é fácil surgir uma nova chance de tentar.

Então comece logo.

Fazer menos *versus* fazer mais

O operário do mundo do trabalho braçal busca oportunidades para fazer um pouquinho menos. Já que esse tipo de trabalho raramente pode ser escalonado, realizar um pouco menos e receber o mesmo pagamento é um ótimo negócio para o trabalhador, um atalho que vale a pena buscar.

Com o trabalho físico, é necessário um grande esforço para produzir mais, porque há um limite para a velocidade com que movemos as mãos, para o número de formulários que conseguimos preencher por hora e o de ligações que podemos atender por dia. Por sua natureza, não é escalonável porque dedicar mais horas para obter mais resultados esbarra na restrição do tempo disponível.

O trabalhador no mundo da conexão e da arte agarra a oportunidade de fazer um pouquinho mais, e não menos. Já que o trabalho emocional é extremamente escalonável, a capacidade de trazer um pouco mais para o jogo é uma oportunidade única na vida. "Um pouco mais" dá lucro porque as ideias se espalham. E porque, em uma economia conectada, a notícia se espalha e as pessoas se voltam para a arte que significa mais.

Você não precisa de mais atividades, precisa ir mais a fundo.

> A conexão pertence a quem "consegue" fazê-la, não a quem "precisa" fazê-la.

O gatinho e o macaco

Quando um filhote de gato se mete em apuros, a mãe dele aparece, pega-o com delicadeza pelo cangote para resgatá-lo e levá-lo a um local seguro.

Já um filhote de macaco que precisar fugir só tem uma opção: se agarrar às costas da mãe.

Um é resgatado; o outro resgata a si mesmo.

Em japonês, a palavra *tariki* significa escolher ser ajudado, buscar uma autoridade superior para selecioná-lo, levá-lo adiante e endossá-lo. *Tariki* é o gatinho indefeso. Existe outra palavra, *jiriki*, que significa autosseleção, arte autoconsentida. *Jiriki* é o macaco que se salva.

A economia industrial insistia no *tariki*. Tratava os trabalhadores como filhotinhos de gato e abominava qualquer pessoa que inserisse inovação ou individualismo no sistema.

A economia de conexão abre as portas para o *jiriki*.

Escolha você mesmo

Autoridade?

Você quer ter autoridade para criar, ser notado e fazer a diferença?

Está esperando permissão para se apresentar, se expressar e distribuir seu trabalho?

Sinto muito. Não existe mais uma autoridade.

A Oprah foi embora. Não pode mais escolhê-lo para aparecer no programa dela porque ele acabou.

Agora o YouTube quer que você tenha o seu próprio canal, mas ninguém vai te ligar de lá.

O Dick Clark foi embora. Não vai lhe arranjar um contrato com uma gravadora ou uma apresentação na TV porque ele e o show dele já se foram. O iTunes e uma centena de outras plataformas querem que você tenha o seu próprio show, mas nem por isso vai receber uma ligação.

Rodney Dangerfield ou o chefe de programação da Comedy Central também não vão passar a mão no telefone. Louis C.K. já provou que não precisa da tirania do agente – ele mesmo se agenciou. Marc Maron não esperou para ser escalado no *Saturday Night Live* e estreou seu próprio podcast, que conquistou um milhão de ouvintes.

Nosso instinto cultural é esperar para ser escolhido. Buscar a permissão, a autoridade e a segurança que vêm de um editor ou de um apresentador de talk-show, até mesmo de um blogueiro que diga: "Eu escolhi você".

Uma vez que você rejeita esse impulso e percebe que ninguém vai selecioná-lo – que até o Príncipe Encantado, ao procurar pela Cinderela, acabou escolhendo uma casa diferente –, aí pode começar a trabalhar para valer.

Aquela história em que o CEO descobre um talento, coloca-o debaixo da asa e o convida a pegar uma cadeira e se sentar com ele não passa de um mito de Hollywood.

Quando você entende que há problemas esperando para serem resolvidos, quando percebe que tem todas as ferramentas e as permissões de que precisa, as oportunidades de contribuir começam a se proliferar. Você não precisa que seu currículo seja escolhido na pilha do RH. O que importa é a oportunidade de liderar.

Quando assumimos a responsabilidade e damos crédito com entusiasmo, as portas se abrem. Quando pegamos o microfone e falamos, estamos um passo mais perto de fazer o trabalho do qual somos capazes.

Acima de tudo, quando nos esforçamos, confrontamos o cérebro de lagarto e distribuímos o melhor trabalho possível, nós nos tornamos os artistas que somos capazes de ser.

Ninguém vai te escolher. Você é quem deve se escolher.

A matemática da autosseleção

Todos nós vimos a indústria da música desmoronar. Mesmo que você não faça parte desse meio, vale a pena considerar quais são as implicações agora que a revolução da conexão possibilitou que um músico ignore a gravadora e escolha a si mesmo.

Jeff Price, da TuneCore, explica da seguinte forma como era a matemática antes da revolução no mundo da música e como ela ficou depois:

Antes da revolução:

Praticamente todos os músicos não são selecionados por uma gravadora e são nulidades invisíveis.

Entre os que são escolhidos, 98% fracassam em termos comerciais.

Dos 2% restantes, menos de 0,5% recebe um único cheque referente aos royalties das músicas que gravou. Ao longo da carreira, apenas um.

Portanto, vivemos em um mundo onde a chance de ser contratado é quase nenhuma e a de receber um cheque pelas vendas, mesmo para quem tem contrato, é ainda menor.

Quanta responsabilidade está disposto a assumir antes de recebê-la de alguém?

Depois da revolução:

Um músico que venda duas (só duas!) cópias de uma canção no iTunes recebe mais do que ganharia com uma gravadora por vender um CD completo de dezessete dólares.

Nunca existiram tantos músicos lançando tantos trabalhos, sendo ouvidos por tantas pessoas e ganhando tanto dinheiro.

Agora multiplique o que aconteceu na música por um milhão. Considere ramos como consultoria, treinamento e design. E manufatura, palestras e organizações sem fins lucrativos. Enfim, multiplique isso levando em conta qualquer coisa com a qual você se importe o suficiente para fazer.

Foi assim que ficou *depois*.

Sonhos de outra pessoa

Uma história verídica: Sarah adora atuar em musicais no teatro. Adora a energia de estar no palco, o fluxo do momento, o *frisson* de sentir o resto do elenco em sincronia enquanto ela se move.

Mesmo assim...

Mesmo assim, Sarah passa 98% do tempo tentando ser escolhida. Vai a testes de seleção de elenco, manda fotos 3x4, caça qualquer possibilidade. E então lida com a dor da rejeição, do assédio ou do desrespeito quanto às suas habilidades.

Tudo isso para ter a chance de estar diante do público certo.

Qual é o público certo? O formado por críticos, frequentadores de teatro e demais autoridades. Afinal, musical no teatro é isso. Seu ápice está localizado no City Center e na Broadway. Se Sarah tiver sorte, Ben Brantley, do *Times*, e Baryshnikov estarão na plateia, e os críticos vão gostar do show. Talvez ela seja até citada pela imprensa. Tudo para que possa se apresentar de novo.

Esse é o sonho tanto da agente dela quanto da agência de produção de elenco, do diretor, do dono do teatro e do produtor. É um sonho que dá dinheiro para quem quer montar o próximo show e poder aos profissionais que fornecem o aval e, sim, escolhem artistas.

Mas calma. A alegria de Sarah é a dança. É o momento. A alegria dela é criar um fluxo.

Tire todo o excesso, e veremos que quase todos os trabalhos degradantes que ela faz para ser escolhida são desnecessários. E daí se ela se apresentar para o público "errado"? E daí se seguir o exemplo de Banksy e levar a arte para a rua? E daí se fizer apresentações em salas de aula ou em prisões ou para um público (vou precisar das aspas de novo) "menor"?

Quem decidiu que uma apresentação de dança em locais alternativos para públicos alternativos não era legítima, não podia ser arte de verdade? Ou que não despertaria alegria da mesma forma, que não seria verdadeira a seu modo? Quem decidiu que Sarah não poderia ser uma produtora teatral e escolher a si mesma?

Foram as pessoas que escolhem que decidiram isso.

Quando Sarah escolhe a si mesma, quando faz a sua arte em seus próprios termos, duas coisas acontecem: ela libera a capacidade de causar impacto e deixa de lado todas as desculpas que a separavam da arte que deseja fazer. E ela se expõe, porque agora a decisão de atuar é dela, não do diretor de produção de elenco. É o repertório dela que está sendo julgado, não o do dramaturgo. E, sobretudo, é ela quem escolhe o público, não mais uma figura de autoridade vestida de terno e gravata.

O nascimento da revolução da conexão abriu caminho para esse tipo de escolha. Agora, depois de alguns anos, ela *exige* uma escolha.

Nem uma vez só?

Se você passou a vida seguindo o conjunto de regras do industrialista, é fácil se convencer de que não tem o que é preciso para fazer arte. Inventar regras não é a sua praia, mas segui-las é. Você não se vê como alguém que assume a responsabilidade; em vez disso, talvez seja a pessoa a quem foi dada autoridade.

A respeito disso, eu perguntaria: "Nem uma vez?"

Você já realizou um ato generoso e inesperado? Resolveu um problema de uma maneira nova e interessante? Viu algo que os outros não viram? Se posicionou em voz alta quando algo precisava ser dito?

Se uma vez que seja você fez uma conexão, preencheu uma lacuna ou fez algo sobre um tema que lhe interessa, então, sim, você é um artista. Talvez não o tempo todo, ou nem mesmo a maior parte do tempo, mas você já foi e pode voltar a ser.

O que falta é descobrir como criar hábitos para que possa fazer arte com mais frequência.

Meu trabalho é livre demais para caber na sua caixinha

A Valve é uma empresa de jogos de computador inovadora, responsável pelo sucesso da plataforma Steam. Seu futuro depende da contratação de funcionários destemidos e com dons artísticos, dispostos a avançar e impulsionar o desenvolvimento da arte.

Para encorajar isso, a cultura da empresa foi reformulada por completo, em um projeto famoso por ter incluído um manual do funcionário que vira de cabeça para baixo quase todas as convenções corporativas. Confira este trecho:

E se eu pisar feio na bola?

Ninguém jamais foi demitido da Valve por cometer um erro. Não faria sentido para nós operar dessa maneira. Proporcionar liberdade para falhar é uma característica importante da empresa – não poderíamos esperar tanto das pessoas se também as penalizássemos pelos erros. Mesmo os caros ou os que resultam em um fracasso público são vistos de forma genuína como uma oportunidade de aprendizado. Sempre podemos reparar o erro ou compensá-lo.

Mesmo assim... Mesmo assim, os funcionários da Valve ainda precisam ser tranquilizados, estimulados e persuadidos a se apresentar e fazer um trabalho importante. Cem anos de lavagem cerebral industrial e de pressão cultural dificultam que novos colaboradores levem promessas como essas ao pé da letra e que os antigos entendam de fato o quanto a empresa quer que eles sejam audazes.

Essa desconexão acontece todos os dias em organizações sem fins lucrativos, campanhas políticas e empresas de ponta. Há quem entenda a importância do risco humano e da arte, mas os funcionários enganados pela Lição de Ícaro persistem no erro de lutar para que o sistema não mude.

Não tenho a ilusão de que um livro pequeno possa mudar inteiramente os seus preconceitos. O que espero fazer é provocá-lo a ponto de se perguntar algumas questões difíceis sobre o motivo de não ter tantas conquistas quanto gostaria (e de não estar tão feliz quanto gostaria de ser).

A economia de conexão revolucionou o que significa sair para trabalhar. Deu a você todas as ferramentas necessárias para escolher a si mesmo. E não é uma armadilha. É uma oportunidade.

Por que muitos empreendedores têm dislexia e TDAH

Julie Logan, da Cass Business School, descobriu que os empreendedores têm três vezes mais probabilidade de ter dislexia do que as pessoas em geral. E muitos deles atribuem ao TDAH uma vantagem que tiveram para criar negócios bem-sucedidos.

Não tenho certeza se é porque essas diferenças mentais favorecem o desempenho. Não é que exista um código secreto que só os disléxicos podem ler. Não, eu acho que a questão é que, por terem tendências atípicas, ficou claro para eles desde o início que teriam menos chance de ser escolhidos. Era menos provável que fossem escolhidos como primeiro da classe, selecionados por uma faculdade cobiçada ou recrutados pela P&G. Precisamente porque não se encaixavam, a principal alternativa para eles era escolherem a si próprios.

E, uma vez feita, essa escolha se torna um hábito.

Não desperdice um momento

A porta para o mundo da arte e da conexão está aberta, mas não sabemos até quando ficará assim.

Cada dia do lado de lá é melhor do que ficar aqui parado sem atravessá-la. Cada segundo que esperamos, fazendo hora, aguardando a oportunidade perfeita, é um tempo perdido e, pior, uma porta que se fecha, possivelmente para não se abrir de novo por muito tempo.

Adrienne Rich escreveu: "A porta em si não faz nenhuma promessa. É apenas uma porta". Atrás dessa porta, no entanto, estão a conexão e as possibilidades que surgem por ter pessoas que querem ouvir o que você tem a dizer, que anseiam por você fazer o que decidir.

O que é certo sobre essa porta é que a frustração que você sente em relação à economia industrial em extinção só vai aumentar, e a conexão e a arte oferecem um caminho que é, no mínimo, mais interessante.

O que quero dizer com "conexão"

Esquecida em meio a todo o alvoroço em torno de vídeos no YouTube, *likes*, amigos nas redes sociais e dietas para chapar a barriga está a verdade sobre a internet: ela está começando a entregar algo de que as pessoas não se cansam.

Quando uma rua tem duas ou três pizzarias, fica muito difícil vender mais pizzas. Não escalonamos a fome (felizmente). Mas e a conexão? Somos consumidores insaciáveis de conexão.

A necessidade humana básica de sermos compreendidos, respeitados e de deixarmos saudades quando partimos não é satisfeita com pouco. Por isso, quando uma conexão genuína é oferecida, geralmente é aceita.

Temos definições de fácil consenso para os padrões de qualidade de dispositivos mecânicos, os requisitos de tolerância de componentes de máquinas ou a maneira de medir a distorção de um amplificador ou a eficiência de um determinado tipo de filtro de água. Mas não temos uma boa maneira de medir a conexão, nem mesmo de falar sobre isso. Como se trata de elemento essencial da arte, vale a pena parar um pouco para explorar esse conceito essencial, porém difícil de definir.

Uma conexão começa com a dignidade.

Somos cercados por funcionários que servem. Comissários de bordo, garçons, manobristas, garis, o cara atrás do balcão nos correios. Todos eles nos servem em troca de pagamento.

E o mundo se move tão rápido, ficamos tão mimados... Viajamos de avião em assentos tão caros, estamos tão ocupados, tendo um dia tão ruim que... é muito fácil ignorá-los. É fácil tratar as pessoas como se fossem invisíveis, desde que consigamos o que queremos.

Quando a fila é longa, o preço está caro ou o atendente simplesmente não soube o que fazer conosco porque o hotel está lotado, é simples ter um acesso de raiva e nos distanciarmos da interação e, o que é ainda pior, da pessoa que só procurou nos servir.

A alternativa é uma interação que crie uma conexão em vez de destruí-la. E o contato visual? E a dignidade que vem do reconhecimento do outro?

Quando humanizamos o indivíduo do outro lado do balcão, da ligação telefônica ou da internet, concedemos a ele algo precioso: personalidade. Quando tratamos as pessoas à nossa volta com dignidade, criamos uma plataforma totalmente diferente para as palavras que proferimos e os planos que traçamos.

É impossível se conectar a um dispositivo ou a um autômato. Vale a pena se conectar com uma pessoa, a quem damos a dignidade que ela merece.

A industrialização destrói a si mesma quando recusa a dignidade

Cem anos de fé depositada no sistema industrial mudaram a cultura. Mas agora, no momento em que as recompensas financeiras do sistema industrial entraram em declínio, muitas pessoas estão percebendo que se tratava de um acordo amargo.

Quando assinamos um cheque para uma instituição beneficente em vez de ver pessoalmente os necessitados, damos ajuda quanto às necessidades físicas, mas negamos a humanidade deles. Quando exigimos que os funcionários disputem uma corrida rumo ao fundo com qualquer país disposto a trabalhar mais rápido e de modo mais robótico, tiramos algo dessas pessoas com as quais trabalhamos. E quando damos de ombros e invocamos Ayn Rand ou a mão invisível do mercado, oferecemos a nossa humanidade em troca de ter mais alguma coisa na garagem ou de fazer uma nova reforma na casa.

Se o objetivo deste jogo fosse meramente produzir mais coisas com menos dinheiro, nada disso seria um problema. Mas o artista entende que há um jogo diferente em andamento, cujo foco é a conexão. O lugar seguro não é o emprego fácil pelo qual o industrialista nos paga um bom salário. Isso está ruindo com rapidez. O novo lugar seguro exige que a gente olhe as pessoas nos olhos e as enxergue de verdade.

Conexão é o resultado da arte

Quantas conexões você acabou de fazer? Essa é uma forma de avaliar se o trabalho que realizou teve algum impacto.

Quando você faz um comentário ousado em uma reunião, quantas pessoas são capazes de aproveitá-lo, reagir a ele ou incorporá-lo?

Quando elabora um vídeo, um aplicativo ou uma ideia e isso é repassado de uma pessoa a outra até se espalhar, você cria uma ponte que nos conecta.

Quando muita gente visita a sua barraquinha no campo porque não se cansa do jeito que a sua equipe toda interage com os clientes, você leva entusiasmo e companheirismo a um lugar onde nem sempre isso esteve presente.

Tédio e segurança raramente conduzem à conexão, que só acontece quando a humanidade afirma a si mesma. Se não houver conexão, se as ligações não forem estabelecidas, então não ocorreu arte.

A ironia perversa do debate

As pessoas escolhem ler um livro de negócios (como este aqui) em busca de um mapa. Prestam atenção na escola porque querem certeza: de uma boa nota, um bom emprego, uma boa carreira. A escola deixou de ser um local de indagações e a transformamos em uma instalação otimizada para atender aos padrões. Isto é algo que a era industrial nos ensinou – que existem respostas e que você precisa delas para ser bem-sucedido. Memorize um número razoável delas e pronto.

A economia de conexão pede que você vire tudo isso de ponta-cabeça, para não querer, não precisar e não buscar um mapa. Seu instinto de procurar um emprego fácil que pague bem (aquilo que era uma zona de segurança e agora é tão somente uma zona de conforto) é a prova de que você sofreu uma lavagem cerebral.

Esse processo foi sutil: não mudou a necessidade humana básica de termos segurança. Na verdade, usou essa necessidade para nos convencer de que lugar seguro (a zona de conforto) é onde fazemos o que sabemos e o que nos é mandado.

Sempre que se sentir atraído em direção à conformidade e à obediência, entenda o que isso realmente significa – um lembrete da maneira como foi treinado, não um jeito sensato ou racional de lidar com a oportunidade diante de você.

Portanto, aqui está um livro que, em vez de lhe dar um mapa (como a maioria dos livros de negócios), se recusa a fazê-lo.

A coisa mais racional a ser realizada é o trabalho irracional da arte.

Procure as perguntas, não as respostas.

A economia não quebrou, ela mudou

Na economia de conexão, as contribuições e os resultados são muito diferentes, e os modos tradicionais de mensurar o valor e a produtividade são insuficientes. Pior ainda é que os bons empregos, antes a espinha dorsal da cultura (os cargos corporativos estáveis, os quais associavam respeito e salário alto a diplomas e obediência), estão desaparecendo rapidamente e deixam um rastro de angústia.

Pergunte a um médico o que aconteceu com o consultório dele nos últimos dez anos ou vá visitar as instalações abandonadas da fábrica que ficava no fim da rua e foi transferida para um local onde as pessoas trabalham por salários mais baixos...

Podemos mesmo produzir objetos mais chamativos para encantar uma população cada vez maior? Podemos continuar agradando pessoas que já têm de tudo ao darmos ainda mais coisas a elas?

A economia em que vivemos atualmente é muito diferente daquela em que nossos pais cresceram. Temos um excedente de escolhas, de qualidade e de entretenimento à nossa disposição. Temos lojas e espaços de armazenamento imensos, assim como as nossas dívidas.

Mas ainda estamos solitários.

E entediados.

A economia de conexão funciona porque se concentra nos solitários e nos entediados. Funciona porque incentiva o indivíduo, e não a multidão; o estranho, e não o normal.

A economia de conexão gira em torno da peça fundamental, o artista sem o qual não podemos viver, que escolhe fazer um trabalho que importa, pois, sem esse indivíduo, qual seria o sentido de se conectar?

A LIÇÃO DE ÍCARO

Lutar contra o torpor

É completamente possível usar a produtividade da economia para tentar nos isolar da dor da incerteza. Podemos exigir que os políticos garantam empregos estáveis na indústria e gritar por um pagamento justo em troca do trabalho que nos entorpece a mente. Podemos lutar para voltar a receber dinheiro em troca de torpor.

O aspecto mais forte da existência humana não busca o entorpecimento. E hoje, neste instante, a economia nos recompensa por sermos artistas, por não estarmos mais hipnotizados, como meras peças na engrenagem, por não estarmos mais isolados uns dos outros e afastados de nós mesmos.

Temos a oportunidade de voltar atrás, se quisermos. Podemos tentar escorar indústrias falidas, legislar e nos fixar na noção de receber uma diária em troca de um dia de trabalho.

Ou podemos escolher um caminho diferente, em que nos exponhamos de boa vontade à aparente insegurança e ao risco do trabalho emocional e de gerar avanços, em vez de diminuir de forma segura o preço do banal.

> Ser você mesmo em um mundo que tenta constantemente fazer com que você seja outra coisa é a maior das conquistas.
>
> Ralph Waldo Emerson

A coceira

Evoluímos para desejar proteção. Procuramos segurança. Queremos um esconderijo, um futuro seguro, algo com que possamos contar.

Mesmo assim...

Mesmo assim a coceira volta. A coceira de provocar, de arriscar ou de se posicionar. A coceira de testar, de cutucar e de se destacar.

Para alguns, essa comichão nada mais é do que um incômodo leve, que causa desconforto em um dia que, fora isso, foi sem graça. Para outros, fica tão insuportável que eles perdem o controle, e a coceira toma conta do dia e do espírito deles.

A coceira sempre esteve aqui, é claro. Está aqui há gerações – provocou Copérnico, Biko, King e Gandhi. É responsável por nossas invenções, descobertas e fracassos épicos. Ela nos levou à guerra e à eletricidade, a Ionesco e Zander.

Na maioria das vezes, para a maioria de nós, está apenas em segundo plano. Culturalmente, somos ensinados a evitá-la, a ser sensatos e focados e a planejar para um futuro incerto. Pegue o que puder, proteja isso e mantenha a cabeça baixa.

Porém, nos últimos tempos, a economia se alinhou com o instinto humano de ver no que vai dar. Faça uma lista de quem estamos em busca, a quem pagamos bem, os indivíduos que conseguem atingir seus objetivos, atrair a nossa atenção e realizar coisas. São os artistas que nunca sabem o que vai dar certo, que fazem algo e veem no que vai dar.

Veem no que vai dar. É incerto, mas vale a pena.

Quem vai ensinar coragem?

Não há muita controvérsia quanto a ensinar a ler, a escrever corretamente e a fazer contas. Presume-se que devemos ter sistemas para estabelecer normas culturais e de comportamento e transmitir conhecimento sobre os eventos recentes.

Mas quem está preocupado em criar uma nova geração de artistas corajosos? Corajosos porque os artistas dão saltos, porque fracassam – a disposição para errar e tentar de novo é o custo de fazer arte e, para alguns, se torna parte da razão para fazê-la.

Estamos evitando esse trabalho vital porque é difícil ensiná-lo ou, mais provavelmente, porque os industrialistas que gerenciam o sistema preferem que sejamos dóceis?

Lavagem cerebral desde a infância

A noção de que uma organização pode ensinar alguma coisa é relativamente nova.

A tradição da sociedade era presumir que artistas, cantores, artesãos, escritores, cientistas e alquimistas encontrariam sua vocação, em seguida um mentor e, *depois*, aprenderiam seu ofício. Era um absurdo imaginar que seria possível encontrar uma pessoa no meio da rua e ensiná-la a produzir ciência ou a cantar, de modo que esse aluno persistisse nos estudos por tempo suficiente para se entusiasmar.

Agora que construímos uma solução industrial para o ensino em massa, nos convencemos a acreditar que a única coisa que pode ser ensinada é como tirar boas notas no vestibular.

Não deveríamos cair nessa.

Podemos ensinar as pessoas a assumir compromissos, a superar o medo, a negociar com transparência, a ter iniciativa e a planejar uma trajetória.

Podemos ensiná-las a desejar uma aprendizagem ao longo da vida, a se expressar e a inovar.

É também importante e vital reconhecer que podemos *desaprender* a ter coragem, criatividade e iniciativa. E que é exatamente isso que temos feito.

A escola se tornou um sistema industrializado, que funciona em grande escala, com subprodutos significativos, incluindo a destruição de muitas das atitudes e emoções que gostaríamos de incutir na nossa cultura.

Como queremos que cada geração apresente a maior quantidade possível de dados analisáveis, pressionamos as crianças a se tornarem zumbis competitivos e obedientes.

O que é arte?

A arte conceitual é uma ideia nova, que completou cerca de cinquenta anos. É claro que, no âmago, todas as peças, poemas e organizações nada mais são do que arte conceitual. A questão é o conceito, e não apenas a habilidade artística.

No entanto, a arte conceitual vai muito além de pincéis, cinzéis ou do que considerávamos talento. A pintura se tornou um espetáculo pequeno e secundário agora que o futuro da economia inteira é um projeto de arte. Ao separar o fazer artístico da arte, temos uma compreensão mais profunda do que ela significa para nós – ao mesmo tempo, deixamos claro que quem não tem habilidades motoras finas também pode escolher ser artista.

Quando Beckett publicou pela primeira vez a peça conceitual *Esperando Godot*, ele deixou muita gente confusa. Uma peça na qual não acontece muita coisa, cujo cenário parece totalmente improvisado. Isso é uma peça?

A arte de Sol LeWitt está nas paredes de galerias do mundo inteiro, mas é provável que não tenha sido pintada por ele. Sem usar pincéis, Sol inventou regras, algoritmos e instruções, e a arte de pintar sua obra na parede é feita por um pintor desconhecido. Passar um tempo observando a obra de Sol LeWitt é entender sua arte, e não admirar suas pinceladas.

John Cage causou alvoroço com sua obra silenciosa, a performance *4'33"*, que provocou confusão e desdém, mas também nesse caso poucos diriam que ele não é um artista.

Arte, ao que parece, é algo feito por um artista.

E um artista é alguém que faz algo pela primeira vez, algo humano, que toca o outro. Como Lewis Hyde explicou em *A dádiva*, é a conexão do espírito e dos sonhos que transforma a obra de uma pessoa em arte. Você recebe a dádiva de Picasso toda vez que vê uma pintura dele – essa ideia, essa emoção, é sua; está aqui, tome.

Não é arte se o mundo (ou pelo menos uma pequena parte dele) não for transformado de alguma maneira. E não é arte se não for generoso. E, acima de tudo, não é arte se não houver risco.

Não se trata do risco de falência financeira (embora isso possa ser parte dele). Não, trata-se do risco de rejeição. De perplexidade. De estagnação.

A arte requer que o artista se importe a ponto de fazer algo mesmo sabendo que talvez não dê certo.

Hoje, diante da maior revolução dos nossos tempos, somos todos artistas. Ou pelo menos todos nós temos a oportunidade de ser artistas. A única coisa que nos impede somos nós mesmos.

Você não está cansado de fingir que não pode fazer a diferença?

As obras de arte

Arte é pessoal.

Arte não foi testada.

Arte tem a intenção de conectar.

É *pessoal* porque deve refletir o artista. Algo em que o artista acredita ou que quer dizer, fazer ou mudar.

Não foi testada porque a arte é original. A segunda vez é uma apresentação, na melhor das hipóteses.

E *tem a intenção de conectar* porque a arte não compartilhada é invulnerável, egoísta e, em última análise, sem sentido. Se a sua obra não tem como fracassar porque jamais foi projetada para conectar, então, com todo respeito, digo que você pode ter se divertido ao criar algo bonito, mas isso não é arte. Como acontece com tudo que vem num pacote completo, você não pode ter o brilho intenso do sucesso artístico sem o risco aterrorizante de não conseguir se conectar.

Arte agora faz parte do mundo produtivo

Antigamente, reservávamos aos artistas a ideia de que produziam itens de luxo, espetáculos e objetos que nada tinham a ver com produtividade ou utilidade.

Acho que isso foi conveniente, porém errado, mesmo cinquenta anos atrás.

Thomas Edison era um monopolista (e um artista). A devoção servil de Henry Ford ao seu conceito de peças intercambiáveis e de produção em massa foi tanto um projeto de arte quanto uma oportunidade de ganhar dinheiro. Marie Curie deu a vida para fazer a arte da verdadeira ciência. E é impossível ouvir Martin Luther King Jr. fazer um discurso sem reconhecer a verdadeira arte (e a paixão) que ele levou para sua tribo.

Investidores de risco nunca escolhem quem funda uma empresa apenas para cumprir um novo expediente. Eles buscam um CEO engajado com a dimensão humana do negócio, que optou por essa jornada porque é a melhor (e possivelmente a única) maneira para se expressar, liderar e se conectar. Então, sim, é um projeto de arte, e essa pessoa é um artista. (Por outro lado, a lanchonete Subway do bairro é entediante de propósito.)

Embora os profissionais independentes e os fundadores de empresas ganhem notoriedade, esses comportamentos estão em falta (e em alta demanda) em empresas e em instituições sem fins lucrativos. Pense na enfermeira que transforma o andar do hospital onde trabalha ou o mecânico que capricha no serviço e faz os clientes voltarem sempre. Não, nem todas as organizações entendem isso. A maioria ainda insiste em medir o que não importa.

Em um livro anterior, chamei de peça fundamental aquela pessoa sem a qual não podemos viver. A peça fundamental é o pilar de um projeto, o indivíduo que assume responsabilidades, de quem sentiríamos falta se um dia partisse.

O artista quase certamente é uma peça fundamental, mas aqui eu abordo uma nova dimensão: acontece que empenhar trabalho emocional, sem um mapa, no escuro, inclui enfrentar o medo e conviver com a dor da vulnerabilidade. O artista negocia uma trégua com essas emoções e, em vez de lutar contra elas, resolve dançar com elas.

A peça fundamental faz conexões por conta da natureza indispensável da sua contribuição. Já o artista faz conexões porque arte é isso. Ele toca parte do que significa ser verdadeiramente humano e realiza esse trabalho repetidas vezes.

A dor do trabalho emocional

Poucos contestariam a noção de que o trabalho árduo com uma picareta, uma pá ou um bisturi deve ser recompensado. É exaustivo, arriscado e difícil.

E é o trabalho emocional que está em demanda hoje. Não a penosa labuta ao sol, mas o trabalho assustador de enfrentar as nossas sombras. Por que ser vulnerável se isso dói tanto?

O convite para fazer arte é precioso.

Ignorá-lo é um convite à aflição.

Se o objetivo é causar impacto e ser valorizado pela contribuição dada, é preciso aproveitar a oportunidade de assumir aquelas tarefas penosas que são tão fáceis de evitar. Embora faça sentido buscar atalhos para melhorar a produtividade, o trabalho emocional que precisa ser feito não possibilita isso. Por mais que seja da natureza humana pedir uma garantia de que o trabalho será recompensado, esse trabalho emocional não oferece nenhuma. É exatamente por isso que é trabalho.

Você vai trabalhar para fazer o seu trabalho, que é enfrentar as coisas das quais sente medo.

A alegria do trabalho emocional

Fomos seduzidos. Seduzidos a evitar (e a temer) o medo da arte.

Aceitamos a banalidade opressora da mesmice, da conformidade, de ficar sentado em um cubículo ou engolir o orgulho durante uma reunião. Chamamos isso de trabalho e nos disseram para aguentar porque é o nosso emprego.

Mas, quando o medo da arte surge, entramos em pânico de repente e fugimos.

O que acontece quando, em vez de fazer isso, aceitamos o medo? O que acontece quando percebemos que o trabalho emocional é tão humano quanto (ou talvez até mais) o trabalho físico que aceitamos como parte do jogo?

É emocionante realizar esse tipo bem diferente de trabalho duro. É a oportunidade de fazer o que apenas os humanos conseguem e, a cada vez, executar de um modo diferente.

Esse é o seu destino. Ser um artista. Que realiza a tarefa incrivelmente difícil de se conectar.

A armadilha do erro de digitação

Quero mostrar como a mentalidade industrial é difundida.

Se eu mostrasse a você um tratado político, uma postagem em um blog ou um novo produto extraordinário cujo texto contém um erro de digitação, qual seria a sua primeira reação?

Se só conseguir dizer: "Está faltando um *r* no segundo parágrafo", você abandonou a sua humanidade para se tornar um corretor ortográfico.

Conformidade acima da inspiração.

Claro, tudo bem, vamos eliminar todos os erros de digitação. Mas primeiro vamos fazer a diferença.

O correto é bom, mas é melhor ser interessante.

A linha invisível na areia

É lógico que não está na areia, está na nossa mente. A linha divide o lado que afirma: "Sou um artista, aceito a dor, me comprometo com a estratégia, vou causar um alvoroço". E o que diz: "Me esconde".

Acredito que a linha seja uma ferramenta essencial – ela nos dá firmeza e nos impulsiona a descobrir para onde ir em seguida (e nos ajuda a chegar até lá). Se você tende a se esconder, então fazer arte sempre parecerá um objetivo fugidio, um desvio temporário. Por outro lado, depois que cruzar a linha e concordar em viver este mundo, a única maneira de lidar com a arte é fazendo mais arte.

Pensar na linha lhe causa desconforto? Tomara que sim. Esse é o primeiro passo para cruzá-la.

Eu não conseguiria fazer isso

Minha amiga Joss tem um currículo exemplar. Ela ocupou cargos altos na área de marketing em empresas bastante conhecidas. E agora, como várias pessoas, está em busca de um novo emprego, que a ajude a usar suas habilidades para fazer a diferença. Assim como muita gente, ela tem se frustrado com a dificuldade que é encontrar uma posição no mesmo patamar da sua última função.

Fizemos um *brainstorming* por algumas horas, e eu compartilhei abordagens que ela poderia adotar para impulsionar a pesquisa por vagas, para ganhar a confiança e o respeito de pessoas do setor que possam querer contratá-la. Ela afirmou: "Isso me tira muito da minha zona de conforto".

A linha invisível, bem ali, diante de nós dois. Ela disse algo tão verdadeiro, tão relevante, que cheguei a engasgar.

Expliquei à Joss que ela já havia explorado tudo que estava *dentro* da zona de conforto dela e que, nesse mercado competitivo, teria que ampliar as fronteiras de como interagir com o mercado. Não foi a minha amiga que pediu para a economia mudar, mas o fato é que mudou.

É isso que enfrentamos todo santo dia. A interseção entre conforto, perigo e segurança. O exercício de achar o equilíbrio entre vulnerabilidade e vergonha. A oportunidade (ou o risco) de fazer arte. A disposição de assumir a responsabilidade de se importar a ponto de fazer a diferença e ter uma opinião.

Mover sua zona de conforto quando a zona de segurança muda não é fácil, mas é melhor do que se vitimizar.

Conexão causa mudança

Houve uma mudança para sempre em relação a todas as pessoas com as quais você interage.

As perguntas são apenas estas:
Como elas serão diferentes? e
O quanto elas serão diferentes?

O autor Michael Schrage quer que você pergunte: "Quem você deseja que os seus clientes se tornem?"

À primeira vista, parece uma pergunta ridícula. Os seus clientes são os seus clientes, ora. Os seus colegas de trabalho são os seus colegas de trabalho.

Isso não é verdade. Conexão gera mudança. A menos que esteja vendendo uma mercadoria padronizada, as interações que você estabelece com o mercado o alteram. A Zappos transformou seus clientes em pessoas que exigem um serviço de mais qualidade para ficarem satisfeitas. A Amazon transformou seus clientes em pessoas impacientes com lojas on-line que não funcionam tão bem ou com tanta agilidade. Henry Ford transformou seus clientes, antes pedestres, em motoristas.

Quando você decepciona alguém (ou excede as expectativas), essa interação vai afetar todas as demais que essa pessoa tiver no dia e no ano seguintes.

A Apple é a empresa mais falada de todas por uma simples razão: as grandes aspirações que tem quanto a quem ela deseja que seus clientes se tornem e o fato de satisfazer essas expectativas.

Depois de interagirem com você, quem os seus clientes vão se tornar?

E, consequentemente, quem você vai se tornar?

O industrialista não pensa muito sobre interações ou mudanças. Ele se concentra em atender às necessidades atuais e obter o maior rendimento possível. O artista, porém, é obcecado por conexão e, portanto, por mudanças. Você não é a mesma pessoa de um ano atrás. Você é mais descrente? Mais habilidoso? Quem você se tornou?

Existem inúmeros caminhos disponíveis para cada um de nós e outros mais para aqueles a quem procuramos servir. Responder à pergunta de Schrage de forma honesta lhe dá a chance de descrever a mudança que você quer ver no mundo. Não será uma no nível da escala industrial de Henry Ford, é claro. De todo modo, mesmo que se conecte com somente seis pessoas, você vai mudá-las.

Mudá-las como? Quem você quer que elas se tornem?

Eu gostaria que você se tornasse um artista. Para fazer conexões que importam. Essa é a minha missão.

Conexão não tem pressa

Não espere aplausos. Aceite-os, com certeza. Não deixe de aceitar.

Mas quando *espera* por eles, quando faz o seu trabalho para obtê-los (e por causa deles), você se subestima. Quando a sua obra depende de algo fora do seu controle, você abre mão de parte da sua arte. Se está repleta de expectativa e ânsia por aplausos, ela deixa de ser sua – a dependência da aprovação no presente a corrompeu e transformou em um processo no qual você se esforça para obter cada vez mais aprovação.

Isso é complicado, então pense comigo.

Há uma diferença enorme entre o prazer superficial de receber aplausos imediatos e o impacto duradouro da conexão verdadeira. É fácil se promover e manipular as coisas para dar um jeito de arrancar um sorriso rápido ou aquela ovação de pé obrigatória em um teatro da Broadway.

O que é mais difícil é fazer o trabalho menos elogiado de se colocar no lugar do outro, mudar a conversa e fazer falta quando for embora.

Quem decide se o seu trabalho é bom? Quando está no seu melhor, *você* decide. Se o trabalho não cumprir com o propósito, se a jarra que você fez vazar ou o martelo que forjou quebrar, você deve aprender a aperfeiçoá-lo. O objetivo da sua arte é conectar, assim como o do martelo é bater no prego.

Mas não culpamos o prego por quebrar o martelo nem culpamos a água por vazar pela jarra. Se o público não gosta de um trabalho o suficiente para se conectar, existe uma incompatibilidade. Talvez este seja o trabalho errado para o grupo errado. Não conserte isso apelando para uma ovação fugaz. Resolva isso indo mais fundo.

"Pronto, aqui está. Terminei."

Pode estar pronto, mas os aplausos, o agradecimento e a gratidão são outra história. Algo a mais, que não faz parte do que você criou. Você pode tocar uma bela música para duas ou para mil pessoas, mas continua sendo a mesma música, e a quantidade de agradecimentos que lhe dão não faz parte dela.

A conexão que ocorre após a arte ser apreciada dura muito mais do que qualquer aplauso e abre a possibilidade de você trabalhar para gerar mais conexões, em vez de tentar repetir a emoção efêmera de uma ovação.

Todo mundo é solitário. Crie conexões.

PARTE DOIS

Mitos, propaganda e *kamiwaza*

Os mitos e os sonhos têm a mesma origem...
Um mito é o sonho da sociedade.

Joseph Campbell

Apenas um mito

De onde vêm os nossos mitos? Eles significam alguma coisa?

Por que ainda falamos sobre Hércules, Thor e Ronald Reagan? Por que as histórias de Zeus, Moisés e Martin Luther King Jr. repercutem até os dias de hoje?

Quando nos referimos a Gandhi ou a Steve Jobs, estamos falando sobre pessoas reais ou sobre as ideias que elas representam?

Joseph Campbell (que também se tornou uma figura mítica) acertou em cheio. Os mitos não são sobre deuses (reais ou imaginários). *São sobre nós*. São sobre humanos que agem como humanos, só que o fazem usando o manto dos deuses, das figuras lendárias. Os mitos destacam o que temos de melhor (e, às vezes, de pior). Essas histórias não se espalham porque um rei ou um déspota insiste que a gente as ouça e as memorize. Não, nós nos envolvemos, nos lembramos e nos identificamos com os mitos porque eles são sobre a pessoa de que mais gostamos, a nossa melhor versão possível.

Mitos não são mitos, afinal. São espelhos, caminhos a percorrer e limites a ultrapassar. A parte esquecida da história original de Ícaro era um talismã poderoso, um lembrete para não nos subestimarmos, para honrarmos as oportunidades diante de nós.

A cabana, o castelo e a catedral

Campbell explica que os mitos antigos e os contos populares vieram de três lugares. Da cabana, tiramos contos folclóricos para entreter as crianças – Saci-Pererê e Curupira. Mitos atemporais vieram do castelo (governo, realeza, defesa) e da catedral (religiões institucionalizadas). Esses mitos foram concebidos para elevar, para fomentar o patriotismo e a obediência e, sim, o heroísmo.

Mitos ancestrais abordam as antigas fontes de poder. Celebram reis e generais, sacerdotes e chefes de uma tribo.

Porém, os mitos dos nossos pais vieram de um lugar bem diferente. Foram a ameaça de aniquilação vinda do Kremlin, a promessa radiante de um diploma universitário e o poder lendário da corporação que criaram as histórias que eles nos contaram. Essas novas fontes de poder (e de risco) levaram a uma série de mitos modernos muito distintos. Contamos histórias de um tipo diferente de consequência industrial, mitos sobre se encaixar, obedecer e não ficar muito arrogante.

E nossos pais (assim como nós) foram impactados por esses mitos porque os faziam sentir que havia um caminho aberto a ser seguido. Repercutiram porque refletiam a sociedade que, ao mesmo tempo, reforçava-os. Os mitos do funcionário da empresa, do jovem universitário, do atleta e da dona de casa feliz foram totalmente aceitos. Víamos neles os sonhos que a sociedade tinha para nós e os assumimos como nossos.

Na verdade, eles eram a nossa crença. Acreditamos na promessa e aceitamos a oferta do industrialista. "Faremos isso se você nos der aquilo." É por isso que Betty Friedan e George Carlin eram uma ameaça tão grande. Eles tiveram a coragem de desafiar a crença moderna do regime industrial.

Em uma geração, os mitos homéricos de bravura e coragem foram suplantados por outros pouco audazes da rotina de trabalho, representados em séries televisivas como *Leave It to Beaver* e personagens como Archie Bunker. Claro, ainda tínhamos gibis de super-heróis escondidos debaixo da cama, mas esses personagens não tinham o propósito de ser como nós – eram o passatempo trivial de garotos que ainda não haviam se dado conta de que o exército não daria espaço para o Capitão América e que, pois é, o Homem-Aranha não conseguiria arranjar um emprego. Nossos pais nos davam cuecas do Batman e camisetas do Super-Homem, mas ficava bem evidente: você pode fingir ser um herói, mas não é um de verdade e vai crescer para se tornar um membro obediente da sociedade.

Mitos podem ser sutis e traiçoeiros. Nós os integramos à nossa cultura e os repetimos até que não apenas pareçam ser, mas também se tornem verdadeiros. Esses mitos modernos cresceram com o poder da economia industrial e existem para servir aos propósitos daqueles que governam a economia e os sistemas.

A insolência é inimiga dessa classe dominante. Significa que você tem voz para desafiar a autoridade e coragem para se posicionar e se manifestar. Não é de surpreender, portanto, que da história de Ícaro só nos tenha restado o alerta sobre a insolência.

Contudo, agora precisamos justamente da insolência da arte.

Propaganda não é mito

A propaganda, em sua melhor forma, é semelhante a um mito. Cartazes soviéticos que exortavam o trabalho duro, filmes nazistas que celebravam a unidade nacional. Filmes de treinamento corporativo que usam eufemismos, mas insistem na conformidade em nome da diversidade. Histórias corporativas modernas fazem cada vez mais parte da nossa vida, e quem as cria gostaria que você acreditasse que elas são como os mitos – histórias cativantes sobre o nosso verdadeiro eu.

Mas é o oposto. Não são mitos, de jeito nenhum. *Propaganda é um conjunto de histórias sobre o que alguém no poder gostaria que você fosse.* O que eles insistem que você se torne. A propaganda na era industrial criou gerações que acreditam que a obediência permanente aos poderosos faz parte de quem somos. Uma definição de propaganda: ela beneficia o narrador, e não o receptor.

A propaganda nos impele a nos tornarmos alguém que não somos. E funciona se o criador dela tiver o poder ou for recompensado para fazê-la prevalecer.

Os mitos têm a ver com nos tornarmos mais divinos e alcançarmos o nosso melhor. Já a propaganda celebra os que estão no poder e nos induz a cumprir voluntariamente os desejos deles.

A banalidade da nossa propaganda

Em 1757, em nome da Companhia Britânica das Índias Orientais, uma pequena tropa britânica assumiu o poder em parte da Índia e instalou um governo de fachada. Durante quase dois séculos, a Índia ficou submetida ao controle cada vez mais rígido por parte dos interesses comerciais e coloniais britânicos.

Como se faz isso? Como se subjuga um país inteiro, um dos maiores do planeta, com apenas um pequeno exército a lhe servir? Em muitos locais, os britânicos estavam em menor número, em uma proporção de um para mais de um milhão.

A saída foi criar uma série de histórias e expectativas para causar mudanças culturais. A cultura indiana foi manipulada quando uma nova classe dominante foi acrescentada ao topo de uma tradição milenar de estratificação social. Os ingleses dominaram a Índia porque venderam uma propaganda aos indianos, e não por terem armas melhores.

A propaganda foi transformada em histórias e expectativas de caráter mítico. A subserviência e a aceitação plácida do controle eram vendidas como virtudes, de forma sistemática. Se o seu sonho em relação a ter sucesso corresponde ao que os suseranos precisam de você, o que se segue é uma estabilidade.

Isso vai muito além da Índia e do poder imperial. A cultura popular como a entendemos existe desde os tempos coloniais. É influenciada pela economia que, afinal de contas, foi responsável por nos trazer até aqui. Por conta disso, nossos marcos são baseados no mercantilismo, no imperialismo e no capitalismo. O que nos tornou ricos a ponto de termos uma cultura pop também determinou a nossa forma de ver o mundo.

Nossa cultura, movida pela fábrica, se esforçou e muito para nos vender a seguinte propaganda:

Não crie problemas.
Siga o mestre.
Tente se encaixar mesmo se isso machucar.
Trabalho em equipe é fazer o que o chefe manda.
Acomode-se.
Ensine seus filhos a obedecer.

Em boca fechada não entra mosca.
Confie no sistema e deixe que ele cuide de você.
Não voe muito perto do sol.

Essa propaganda o atinge. Ela se infiltra e afeta você. Como se sente em relação a esta afirmação de Caterina Fake, fundadora do Flickr?

O que é mais agradável do que ser notado de forma benevolente pelas pessoas? O que é mais aprazível do que a empatia e a compaixão delas? O que nos inspira mais do que falar para ouvintes cheios de entusiasmo? O que nos cativa mais do que exercer nosso próprio poder de fascinação? O que é mais emocionante do que um auditório tomado por olhares esperançosos? O que é mais arrebatador do que aplausos cada vez mais intensos em nossa direção? O que, por fim, equivale ao encantamento gerado pela atenção maravilhada que recebemos daqueles que nos alegram profundamente? – *receber atenção das pessoas é a mais irresistível das drogas.* Ofusca o prazer de receber qualquer outro tipo de gratificação. É por isso que a glória supera o poder e a riqueza é turvada pela proeminência [grifo meu].

Você consegue imaginar um chefe, um professor ou um senhor colonial vendendo com ardor essa ideia a um subordinado? E quanto a ficar de boca fechada? E quanto ao medo de fracassar, ao medo de ser criticado e à Lição de Ícaro, que omitiu a informação de que não devemos voar baixo demais? Caterina Fake cuspiu heresias.

A realização individual e a insanidade da arte contrariam o que a cultura corporativa busca. Quer seja feita pela glória ou pela satisfação inerente que gera, a arte ameaça aqueles que preferem nos vender o medo da insolência.

Eles nos convenceram – e nós caímos nessa – do apelo da banalidade do emprego na fábrica, e não apenas durante a nossa jornada de trabalho. Embora de vez em quando celebremos quem é exceção, os deuses mitológicos da nossa cultura, é sempre a partir do entendimento de que *são diferentes de nós*. Você pode ser fã do Prince, do Leonard Bernstein ou da Lady Gaga, mas a regra é que precisa entender que não tem nenhuma chance de se tornar um deles. Eles são os deuses mitológicos, e você é apenas um consumidor.

> Você não tem ideia do que faz.
> Se tivesse, seria um especialista, não um artista.

Um baldinho de medo e uma mochila lotada de solidão

O que tememos mudou. Deixamos para trás os medos do animal selvagem em busca de sobrevivência, o medo do escuro e dos predadores, e incorporamos aqueles inventados pelo industrialista: o medo de não estar em conformidade, o de encarar a autoridade, o de se destacar.

O industrialista nos oferece uma troca. Podemos trocar nossa solidão pelo abraço da multidão e nossos medos inerentes por um emprego estável. Podemos trocar nosso anseio por algo incrível pela segurança de saber que alguém cuidará de nós. Como recompensa, só nos pede uma coisa: abrir mão da nossa humanidade.

Quando você avalia com calma, vê que dificilmente seria uma negociação justa. É melhor escolher a arte, eu acho, com tudo o que ela traz.

Encurralado

A escada para o sucesso não é uma escada. É uma série de degraus e, ao longo do caminho, é preciso dar alguns saltos.

Quem tem a sorte de começar com um mentor encorajador e ter acesso a recursos começa a subir a escada e, com um pouco de ousadia, ascende bastante na hierarquia industrial.

Mas então chega ao estágio em que seguir as instruções deixa de ser suficiente – no qual é obrigado a passá-las e não mais recebê-las. Essas pessoas vão se deparar com uma lacuna que só é possível atravessar de um modo: começar a criar as regras em vez de cumpri-las. E, como a maioria dos que foram doutrinados pelo sistema industrial, elas vão congelar, encurraladas entre onde estão e onde querem estar.

O cara popular usa uma máscara

Buscar se tornar popular não é inerente à natureza humana. O que todos nós buscamos é o reforço positivo, e a cultura reforça comportamentos que acreditamos que vão nos tornar populares.

Existe alguma dúvida de que é divertido, seguro e reconfortante ser o cara popular da turma? A onda de prazer e segurança que vem do feedback positivo da popularidade é inebriante – com certeza no começo, pelo menos na nossa cultura.

Mas tenha pena daquele garoto lindo que é consagrado como o mais popular, ou do palhaço da turma que descobre que uma piada grosseira funciona, ou daquele ator superficial que faz sucesso desde cedo em todas as peças da escola. O feedback que a popularidade oferece em um sistema obcecado por ela se torna um vício.

Não vai demorar muito para a beleza ir embora, as piadas ficarem velhas, ou mesmo atores e músicos mais dedicados tomarem o palco. E como vai ser? Como esse cara vai manter a popularidade?

O ciclo começa. Sem talento artístico, ele entra em um ciclo para obter prazer imediato. Em vez de defender as coisas em que acredita, calcula o que o público quer ouvir no momento.

E esse ciclo nos prepara de maneira brilhante para vivermos como uma peça da engrenagem corporativa, como uma ferramenta do sistema industrial. Quando Willy Loman fala sobre ser amado, ele abarca a propaganda enganosa da máscara. "No mundo dos negócios, o homem que marca presença, que gera interesse sobre si, é quem sai na frente. Seja amado e nunca vai lhe faltar."

Para ser amado, contudo, talvez você tenha que negociar o seu eu verdadeiro e vulnerável por uma obsessão em agradar às massas, focada no curto prazo.

O que Loman aprendeu, e o que muitos de nós também estamos aprendendo, é que, na verdade, o sistema vai comer com prazer a sua laranja e jogar a casca fora.

A meta precisa mudar. A oportunidade não está em ser popular com as multidões sem rosto, por um breve período. Está em fazer falta quando você vai embora, em fazer um trabalho que importa para a tribo que escolher.

No sistema antigo, você era popular por se encaixar. No novo, tem a chance de se destacar.

Orgulhoso e desobediente

Inúmeros mitos envolvem punir um deus (Loki, Satanás, Teseu) por ter pecado e sido orgulhoso e desobediente.

Teseu, o grande rei, o poderoso general, o líder reverenciado, passou anos acorrentado a uma rocha, torturado por ter cometido a temeridade de visitar o submundo. Ele foi longe demais.

É fácil entender por que quem está no poder, no comando do castelo ou da catedral (ou mesmo da cabana), gostaria de noticiar esses comportamentos desleais para nos advertir sobre os perigos de imaginar que podemos caminhar como os deuses.

A arte, porém, requer orgulho *e* desobediência. O orgulho da criação e a desobediência de perturbar o *status quo*.

Condicionamento operante

B. F. Skinner nos ensinou que estímulos que propiciam recompensas criam hábitos. Se você for recompensado ao fazer algo, é provável que o faça de novo. Se isso acontecer com uma certa frequência, torna-se um hábito.

De onde vem o hábito da conformidade?

Será que o despertador e a advertência por chegar tarde é que criam o hábito de ir para o trabalho todas as manhãs? Talvez o hábito de comprar por prazer venha das centenas de anúncios publicitários que você vê todos os dias, sendo que a maioria deles é sobre tentar se encaixar ou gastar o dinheiro que ganhou por se encaixar. Pode ser que o hábito de fazer parte do sistema venha das reuniões sufocantes e da pressão implacável para fazer uma faculdade conhecida e conseguir um emprego.

Na sociedade industrial, quase sempre surge uma nova chance de sermos condicionados a trabalhar na fábrica, em vez de desafiarmos o *status quo* e fazer uma arte que nunca foi feita. Todas as recompensas imediatas vão para quem incrementa a produtividade no presente.

Se quiser se ver fazendo arte, crie hábitos novos. Abandone o costume de evitar observações negativas nos e-mails ("Ufa, ainda está tudo bem") e passe a medir quantas fronteiras você cruzou no dia.

Seis hábitos diários para artistas

Sente-se sozinho; sente-se em silêncio.
Aprenda algo novo que não tenha nenhum benefício prático aparente.
Peça a indivíduos um feedback destemido; ignore o que você ouve da multidão.
Dedique tempo para incentivar outros artistas.
Ensine com a intenção de mudar as coisas.
Distribua algo que você criou.

A oportunidade do produtor teatral

Um produtor teatral? Isso, alguém que organiza, inventa, cria projetos de arte, tece algo do nada, não tanto com dinheiro, mas sobretudo com inspiração e conexão.

Se você fosse dono de um centro de convenções, o que faria com ele? Com certeza, você *poderia* ser o dono, pelo menos por um dia.

Se pudesse alcançar seu público, o que diria? É claro que você pode alcançá-lo com mais facilidade e eficiência do que nunca (porém, não é mais rápido; leva um tempo).

Se você pudesse liderar uma tribo (clientes, colegas de trabalho, seus pares acadêmicos), qual delas seria?

A capacidade de criar conexões, estabelecer eventos e fazer algo acontecer nunca foi tão altamente desenvolvida, de forma acelerada e barata.

O seu trabalho não é executar as suas tarefas. É decidir o que fazer a seguir.

O produtor teatral e o empreendedor

Na economia industrial, tínhamos um nome para o pária, o indivíduo que resistia ao sistema de poder exercido de cima para baixo. Nós o chamávamos de empreendedor. Uma alma corajosa poderia solicitar dinheiro e tempo e, em troca, seus investidores esperariam que construísse algo maior do que ele próprio, um empreendimento que tivesse chance de entrar na hierarquia do poderio industrial.

Edison, Case e Bezos eram empreendedores e assumiram de forma incansável riscos corporativos para construir empreendimentos de porte.

Mas os produtores teatrais não precisam seguir somente esse caminho.

O produtor monta o espetáculo, costurando o que antes não era nada, e acaba gerando tudo.

Os primeiros produtores organizaram apresentações de ópera. Eles encontravam os artistas talentosos, reservavam o teatro, penduravam placas e vendiam ingressos. Sem o produtor, não havia música.

O produtor é um pioneiro. É a pessoa que pensa o que fazer a seguir – e então o faz. Ele improvisa.

Ele descobre como usar as conexões possibilitadas pela nova economia para criar valor onde antes não existia e também como transformar um "não" em "sim".

O sócio júnior que toma a iniciativa de começar uma série de palestras semanais ou o violoncelista que organiza um festival anual de música: pessoas assim são produtores sem um plano de negócios ou um conselho de administração. Quando alguém se importa o suficiente para se conectar, liderar e iniciar, não importa onde trabalha ou o cargo que ocupa, pois está realizando um projeto de arte e voando mais alto do que todos nós.

Os produtores teatrais de hoje nem sempre vendem ingressos e trabalham sozinhos. Eles podem ser a pessoa ali no corredor que organizou a reunião externa quando não havia nenhuma planejada. Ou o profissional da área de desenvolvimento de negócios que firmou a parceria certa, na hora certa.

Uma peça na engrenagem aguarda as instruções. O empreendedor muitas vezes precisa ter uma alternativa à vista. Mas o produtor teatral utiliza o que está disponível e faz mágica.

Não se trata necessariamente de dinheiro ou mesmo de um negócio, e com toda a certeza não se trata de construir um império industrial. Talvez tenha a ver apenas com a alegria de fazer arte.

Não, de forma alguma, não somos todos empreendedores. Mas todos nós somos capazes de ser artistas, e todos os artistas são produtores.

Visões de mundo são profundas

A maneira como você vê o mundo não foi definida no dia em que nasceu, mas sem dúvida já se consolidou. A cultura em que crescemos e as recompensas que recebemos pelas nossas ações se combinam para dar a cada pessoa um conjunto de tendências e macetes sobre como processar informações e tomar decisões.

Nossa visão de mundo muda as perguntas que fazemos a nós mesmos quando nos deparamos com situações ou ideias novas. As perguntas que você faz a si mesmo alteram a maneira como percebe o mundo.

Meu argumento é o de que existe uma diferença de visão de mundo inerente nisso. Há os industrialistas, cuja visão de mundo é encará-lo como algo quebrado ou a ser consertado, e os artistas, que o enxergam como uma série de projetos a serem construídos e de conexões a serem feitas. Um projeto dar certo não é tão importante quanto a maneira pela qual é construído. Os industrialistas gostam que as coisas sejam funcionais e admiram a competência, então a ideia de quebrar coisas de propósito ao buscar o novo é de fato ameaçadora.

O industrialista indaga: "De que maneira isso me ameaça?". Ou talvez: "Como posso usar isso para fazer melhorias graduais nos sistemas que possuo?". Acima de tudo, ele pergunta: "Isso é seguro?".

O artista se pergunta: "Como consigo quebrar isso?". Ou: "Onde encontro uma oportunidade para mudar tudo e causar impacto?". Acima de tudo, a questão é: "Isso é interessante?".

O escritor Cassidy Dale observa que muitas pessoas se dividem entre cavaleiros e jardineiros. Os cavaleiros veem o mundo como um conflito cataclísmico no qual há vencedores e perdedores, batalhas a serem travadas e o certo e o errado são os agentes dominantes. Já os jardineiros têm o instinto de buscar maneiras de curar, conectar e contribuir para o crescimento das pessoas que encontram. Essas tendências afetam como as pessoas fazem compras no supermercado, praticam (ou não) uma religião e votam.

Arnold Toynbee relatou as visões de mundo dominantes em diversas civilizações ao longo de milhares de anos e as separou entre culturas que dividiam as pessoas em vencedores e perdedores e as que, em vez disso, davam destaque às respostas para os desafios.

Como se trata de uma generalização, essas descrições não são rígidas nem dão exemplos perfeitos, pois ninguém sempre vê o mundo exatamente de um jeito. Mas também é verdade que essas visões de mundo são profundas e mudam a maneira como interpretamos os acontecimentos do mundo, seus habitantes e até mesmo este livro.

Se você não está vendo o mundo com os olhos de um artista, nunca vai aderir de verdade à revolução que está acontecendo ao seu redor. Você tem a chance (e o desafio) de suspender temporariamente a descrença, pôr o chapéu de artista (ou a boina?) e imaginar o que acontece quando vê o mundo da conexão como uma oportunidade, e não como um problema a ser resolvido.

Algumas questões a considerar quanto às visões de mundo:

Como posso obter mais? *versus* Como posso oferecer mais?

De que maneira posso garantir o sucesso? *versus* De que maneira posso correr o risco de fracassar?

Onde está o mapa? *versus* Onde está a imensidão?

Tenho dinheiro suficiente? *versus* Fiz arte o suficiente?

Onde estão os deuses?

O antigo trabalho: enfardar o algodão, ceifar o feno, carregar a balsa. Preencha este formulário, siga estas instruções, faça este teste.

O novo trabalho: comece algo. Dê um jeito. Crie conexões. Tome a decisão. Pergunte. Aprenda. Repita. Arrisque. Abra. Qual é o próximo passo?

Antigamente, o trabalho era mecânico.

Agora, é para deuses mitológicos.

Deuses encarregados do próprio destino. Deuses responsáveis por suas escolhas. Deuses com poder e liberdade para exercê-lo.

Nós.

Helen Keller é um mito

Com certeza, ela foi alguém que viveu e nos inspirou. Mas agora, como Miles Davis, Galileu e John Brown, é uma figura mítica, mais uma história inspiradora do que uma pessoa real.

Há dois mil e quinhentos anos, Evêmero defendeu que todos os mitos são inspirados na vida dos humanos, de reis e homens santos. Ele localizou o túmulo de Zeus e afirmou que as histórias que transmitimos existem para nos inspirar a sermos maiores do que nós mesmos.

O propósito dos mitos não é nos fazer sentir apartados dos deuses dessas narrativas, mas nos fazer entender que somos capazes dos grandes feitos realizados por eles.

Mitos são verdades antigas sobre o que somos capazes de fazer

Nossos deuses são muito humanos.

As divindades que criamos são muito parecidas conosco, com o que temos de melhor. Hércules, filho de Zeus, é um homem idealizado. É como se ele pudesse sair a qualquer momento na capa de uma revista fitness masculina, e ainda demonstra o heroísmo de um membro condecorado das Forças Especiais. Quer Hércules tenha algum dia andado sobre a Terra ou não, há um pouco dele dentro de nós.

Reflita sobre Omoikane, uma divindade japonesa da sabedoria e da intuição, capaz de tomar decisões que seriam as nossas se tivéssemos tempo. Quando temos um dia bom, compartilhamos parte do seu conhecimento e da sua capacidade de ver o mundo como ele é.

Super-Homem, Thor, Moisés, Atena, George Gershwin, Thomas Edison – todos eles representam um aspecto do que é ser humano; cada um deles está dentro de todos nós. Sabemos que somos capazes disso – de sermos tão fortes, legais ou generosos. Para perseverar, conectar e contribuir da maneira que os deuses conseguem – é por isso que os inventamos, os reverenciamos e nos identificamos com eles. Eles estão dentro de nós, todos os dias.

E ainda assim não temos uma palavra perfeita para expressar as habilidades divinas. Não sabemos falar sobre o que é atuar de forma mitológica, despir o artifício e deixar a divindade se expressar.

E a Lição de Ícaro nos faz evitar até mesmo pensar sobre isso. Ela atinge a nossa psique de maneira profunda com um alerta vívido sobre os perigos da insolência.

É tarde demais.

Construímos um mundo onde a única opção *é* a insolência, onde o futuro pertence a qualquer pessoa disposta a agir como os deuses dos nossos mitos. É melhor inventar uma palavra para isso.

Os japoneses chamam isso de *kamiwaza*.

Kamiwaza exige a aceitação da nossa humanidade

Se os deuses somos nós, então ousamos ser como eles?

O termo japonês *kamiwaza*, como a maioria das palavras grandiosas para as quais não temos uma equivalente, é difícil de traduzir. A possibilidade mais simples é "divinal".

Quando eliminamos a insegurança e o artifício, quando aderimos à iniciativa e à arte, o que nos resta é *kamiwaza*. A pureza de fazer isso devidamente, mas sem constrangimentos. O maratonista que compete com *kamiwaza* corre com pureza, da maneira adequada, como os deuses fariam.

Como podemos ter essa audácia! Como nos atrevemos a ignorar Dédalo para voar perto do sol e, ao que parece, renunciar à humildade em busca de algo inatingível?

Como podemos *não* ter essa audácia?

A insolência nos torna divinais, semelhantes a um deus, e isso nos torna humanos.

A LIÇÃO DE ÍCARO

Por favor, vamos deixar o papo sobre humildade para depois

Temos bastante humildade. Construímos inúmeras camadas de propaganda para reforçar a falsa humildade do trabalhador que se contenta com menos, do aluno que não faz perguntas difíceis e do artista que esconde sua arte por medo de ofender alguém.

Até Orwell ficou constrangido com o egoísmo em seus textos: "A grande massa dos seres humanos não é profundamente egoísta. Depois dos trinta anos, eles abandonam a ambição individual – em muitos casos, na verdade, quase abandonam por completo a noção de serem indivíduos – e vivem sobretudo para os outros ou são simplesmente sufocados por um trabalho enfadonho. Mas também há uma minoria de pessoas talentosas e obstinadas que estão determinadas a viver a vida delas". Acho que Orwell não era egoísta. Penso que ele tinha algo a dizer e sou grato por ele ter dito.

Sim, há uma lição a ser aprendida com a insolência de Ícaro, com seu desejo impaciente de voar alto sem compreender as implicações das suas ações. Mas não, não nos falta humildade, não temos um excesso de cidadãos que compartilham ativamente suas melhores e mais generosas ideias e nem de líderes atenciosos que se tornam dignos perante seus seguidores.

Somos consumidos pela modéstia de pedir orientações, seguir o líder e escolher o caminho mais seguro. Aceitamos a humildade de não tomar iniciativas e de projetar uma vida na qual não há como sermos culpados por nada.

Até que tenhamos um momento de falta de humildade, e aí surge o verdadeiro problema: continuamos voando baixo demais. Temos tanto medo de demonstrar insolência e de nos envergonhar ao escutar que voamos alto demais e ainda tanto receio de não nos encaixarmos que acreditamos na propaganda enganosa e não fazemos o que somos capazes.

Arte requer compromisso com *kamiwaza*

Todas as recompensas por criar arte não estão presentes no momento em que isso ocorre. É porque a arte só se consolida quando conecta você a outra pessoa, quando estabelece um contato e toca mais alguém. Você pega sua arte e a leva para todos os lados com mais nada além de ousadia, fé e paixão, e só depois de aterrissar é que descobre se sua obra foi considerada "boa".

Essa é a grande diferença entre arte e marketing direto, arte e fazer o seu trabalho, arte e quase tudo que realizamos na vida. Nos outros aspectos da vida, o acordo é o seguinte: "Se fizer isso, você *vai* conseguir aquilo". No mundo da arte, o negócio é assim: "Bem, outras pessoas fizeram algo parecido com o que você espera fazer e, às vezes, mas com certeza nem sempre, isso funciona para elas. Você terá que fazer para descobrir".

A insolência que permeia essa decisão é extraordinária. "Isso pode dar certo", nós imaginamos. Ou até mesmo, no caso de quem está particularmente comprometido: "Talvez isso não dê certo". Nos ensinaram que apenas um deus mitológico tem direito de encarar o mundo com esse tipo de confiança – a de que, não importa o que aconteça, a jornada em si já valeu a pena.

Infelizmente para quem está considerando dar um passo tímido no mundo da arte, as chances de reconhecimento são pequenas no início e, com o tempo, crescem apenas lentamente. Portanto, não podemos somente nos comprometer com um ato de *kamiwaza*, com um único risco emocional ousado, e dar tudo por encerrado. Precisamos nos comprometer com esse tipo de coisa pela vida inteira. É um processo, não um evento localizado. Você não faz um pouco de arte e depois volta ao trabalho. Seu trabalho é a sua arte (e vice-versa).

É claro, a arte não é feita apenas pelas recompensas externas, embora às vezes elas nos possibilitem manter a dedicação a esse processo.

Quando uma obra de arte fracassar, não ponha em dúvida o seu compromisso com a própria arte. Pode questionar a sua visão, o seu modo de fazer, a qualidade (entre aspas) daquela obra, mas o artista em você não perderá tempo questionando o seu compromisso com a arte.

Quando a sua arte fracassar, *aprimore seu jeito de fazer arte*.

Aprimorar a arte, de três maneiras

Voe mais perto do sol.

Dispa-se e fique vulnerável diante daqueles a quem oferece a sua arte.

Busque estabelecer uma conexão.

Confundir o local (ou a mídia) com a nossa arte

Um pincel ou uma espátula não são a sua arte. Tampouco um edifício específico ou uma linguagem de programação.

Seu compromisso não é com um local, uma mídia ou uma técnica. É seguir um caminho e gerar um impacto. A Broadway é um local. A alegria através do movimento é uma arte. Quando o local não comporta a sua arte, você pode ir para outro sem alterar seu compromisso com a jornada.

A garçonete artista não trabalha para receber gorjetas. Ela faz o trabalho, com entusiasmo, criando conexões, porque essa é a paixão dela. Se a clientela não corresponder em um restaurante em particular, não é humilhação nenhuma transferir a apresentação dela para outro estabelecimento. Ou o local deixar de ser um restaurante e passar a ser uma boate ou uma sala de aula.

A questão não é se você tem a capacidade de fazer um trabalho divino (você é capaz).

A questão é: você está disposto?

Curtir a jornada

Uma desconexão que existe na linguagem é a confusão entre curtir as férias – o deleite sonolento, desligado e embriagado de ficar deitado na praia – e curtir a sua arte, o trabalho – às vezes assustador, exaustivo e de alto risco – de fazer a diferença.

Ninguém questiona por que músicos de sucesso continuam fazendo turnês ou autores de best-sellers publicam outros livros mesmo não tendo mais a necessidade de ganhar a vida. E não falamos nada porque entendemos e invejamos a alegria que é fazer o que se ama, a satisfação que é fazer arte em vez de seguir instruções.

Mas a alegria da arte tem um sabor especial, porque traz com ela o risco da rejeição, do fracasso e das conexões que dão errado. É precisamente o grande risco do "talvez isso não dê certo" que faz a arte original valer a pena. (Isso é uma das razões pelas quais seria complicado ouvir Van Morrison tocar "Moondance" ao vivo em um show – ele queria causar alvoroço, e não ser uma espécie de *jukebox*.)

De certa forma, pode ser agradável trocar as suas iniciativas e o seu coração por um emprego no qual lhe dizem exatamente o que fazer. Parece um caminho seguro a seguir, mas, na verdade, significa que você aceitou um tédio latejante e de baixa qualidade e abriu mão da emoção de desafiar os deuses. Muitos de nós fomos enganados pela propaganda industrial a ponto de aceitar a promessa dessa espécie de sonambulismo.

Porém, os artistas que você conhece não querem nada disso. Eles preferem seguir uma trajetória diferente, buscando de modo intencional oportunidades para se conectar, ter sucesso e fracassar. Preferem ficar acordados.

Você pode fingir que gosta da alternativa da era industrial para uma vida bem vivida, mas, se experimentar sua humanidade longe do ofício no qual foi doutrinado, talvez descubra um tipo diferente de jornada.

Quando hesitamos em nos comprometer, sabotamos a arte

Em 1º de janeiro de 2012, tive uma lesão bem grave na parte posterior da coxa. Mais de seis meses depois, ainda não corro, nem sequer caminho, com *kamiwaza*. Não é por causa de dor nem de perda significativa da amplitude de movimento (tenho sorte de não ter nenhum desses problemas). Não, é porque não consigo saltar. Não consigo porque parte do meu cérebro hesita. Não dura muito tempo, mas é o suficiente para meu corpo inteiro perder o alinhamento.

Essa confiança, o destemor de seguir em frente sem apego ao que acontecerá na aterrissagem, é o sinal que transmitimos a nós mesmos e ao mundo quando estamos prontos para fazer algo artístico. Deixar de lado o apego quanto ao que pode acontecer – quem sabe o chefe não vai gostar, o mercado vai rejeitar, os amigos vão achar uma burrice – é parte essencial do compromisso.

Nós fazemos a arte e *depois* recebemos o feedback, mas ela precisa acontecer primeiro. Se estivermos apaixonados pelo feedback e tentarmos manipular os aplausos que recebemos, deixaremos de fazer a arte de que somos capazes.

Quando o crítico o pressiona a aprimorar a sua arte para alcançar o que você é capaz de fazer, aí vale a pena valorizar a avaliação dele. Mas aquele que o força a se encaixar ou a simplificar demais a obra... Considere esse tipo de opinião com cautela.

Apego acaba com a arte

É fácil se apegar a resultados em potencial. Queremos que o bolo saia de um jeito exato, que o público aplauda em um momento específico ou que todas as resenhas no Yelp elogiem a nossa pizza.

À medida que nos apegamos a esses resultados positivos, começamos a imaginar o que acontecerá se não ocorrerem. Assim, mudamos o jeito de agir para aumentar as chances de obtê-los. E quando não chegam (nos apegamos a coisas que nem sempre acontecem), começamos a questionar a nossa arte e a modificá-la ainda mais.

À essa altura, não estamos mais fazendo arte. Somos uma marionete controlada por quem está no poder.

> **Em vez de fugir, controlar, suprimir ou qualquer outro tipo de resistência, o que precisamos é compreender o medo; isso significa observá-lo, aprender sobre ele, entrar em contato direto com ele. Devemos aprender sobre o medo, e não como escapar dele.**
>
> **Jiddu Krishnamurti**

Arte e amor

Eu não te amo por conta do que você faz. Eu te amo. Estou comprometido. Agora que isso está resolvido, o que você vai fazer?

Amor é um compromisso com uma pessoa, não com o comportamento dela.

Esse compromisso com uma jornada cheia de altos e baixos é estressante para pessoas criadas em uma economia industrial, na qual tudo parece estar à venda, na qual notas de provas, feedbacks, promoções, aumentos de salário, empregos estáveis e seguidores no Twitter são impulsionados pelo esquema do uma mão lava a outra, do *"faça isto, ganhe aquilo*". Mas, se você será amado de um jeito ou de outro, seu comportamento não precisa ser motivado pelo anseio por um resultado; pode ser por algo mais profundo.

E essa perspectiva é assustadora, porque significa que você não consegue medir o resultado enquanto planeja e executa a sua arte, e isso requer que você se comprometa com suas ações, sem qualquer apego quanto ao que pode acontecer em seguida.

A arte é um compromisso com um processo, com uma direção e com a generosidade, não com um resultado.

Quando fazemos arte sem apego, nos aproximamos da noção de *kamiwaza*.

Os críticos estão sempre errados sobre "todo mundo"...

... mas eles têm o direito de ter opinião.

O pior tipo de crítico conta com uma desculpa já conhecida, mas que poucas vezes funciona: "Eu não gostei, logo, ninguém vai gostar".

O crítico afirma: "Esta peça é terrível", quando quer dizer: "Eu não gostei, mas talvez você goste". O crítico afirma: "Ninguém vai comprar este livro", quando quer dizer: "Quem tem o mesmo gosto que eu não vai comprar".

Generalizar o feedback negativo tira a pressão do crítico. Ele joga a culpa no artista em vez de assumir a responsabilidade por sua opinião.

As críticas de uma estrela na Amazon são uma desgraça para o escritor, uma armadilha a ser evitada. Claro que essas pessoas estão erradas e precisam ser corrigidas! Fico tomado pela vontade de mostrar o que elas não entenderam no meu texto e por que se enganaram. Não ligo para o mau gosto delas (há gosto para tudo), mas estou revoltado por me julgarem mal! Durante anos, fiquei obcecado com aqueles textões anônimos (os negativos quase sempre o são, inclusive na *Publishers Weekly*).

Ou, pior ainda, o artista passa a acreditar que a crítica é mesmo verdade, que a obra é péssima em todos os sentidos, e então a arte fica prejudicada, porque o lagarto é ativado, a resistência fica em alerta máximo e o compromisso começa a enfraquecer. De forma gradual, cada passo é dado com uma pequena hesitação à medida que o artista se apega ao resultado. O *kamiwaza* se esvai.

A arte é importante demais para que essas críticas sejam levadas em consideração. Se afaste. Se eles erraram, deixe para lá. São críticos. Os críticos sempre erram.

Não estamos buscando o método correto, estamos buscando o método incorreto.

Keith Richards

A resposta do Joe Dough's aos críticos
foto de fonte desconhecida, via *Huffington Post*

Entre e experimente o pior sanduíche de almôndega que um cara do Yelp comeu na vida

O salto como um instinto humano natural

Eu (ou pelo menos parte de mim) tive a sorte de crescer em Camp Arowhon, no norte de Ontário. Nas profundezas da floresta canadense, eu confrontava durante o verão a questão do que significa fazer o que se quer. Era uma obrigação pesada, porque significava se comprometer com algo e então executar, sem poder jogar em ninguém a culpa pelos dilemas da própria escolha.

Uma das principais atrações do lago era um trampolim de sete metros de altura. Ao me lembrar dessa época, acho que talvez ele fosse pelo menos um metro mais baixo, mas, de todo jeito, era incrivelmente alto. Alto estilo Ícaro.

De madeira pintada de branco, quase apodrecida, e acessível por vinte e um degraus escorregadios, o trampolim era um farol para todas as crianças que o viam. E era perigoso. Impressionante, no melhor sentido da palavra.

O lance era muito simples: quem subisse tinha de pular. Descer era complicado demais – física e emocionalmente falando.

Todos os dias, novatos no culto do grande salto subiam a torre com bravura. Ao chegarem ao topo, paravam. Estavam paralisados, sem conseguir se mexer. Às vezes, isso durava horas. Teve uma vez que um garoto ficou sentado lá por quatorze horas.

Eis a pergunta-chave: o que aconteceu entre o momento em que uma criança começou a subir a escada e o colapso interno ocorrido no topo do trampolim? Novas informações foram apresentadas? Quando estava prestes a subir, aquele garoto se sentia contente e animado. Lá em cima, congelou.

Talvez alguma coisa tenha mudado. Em cima da prancha, o saltador novato enxergou algo que não tinha visto do cais. Sem dúvida, não era uma mudança visível. O que mudou foram os questionamentos na cabeça do saltador.

Quando se está parado no cais, parte do cérebro insiste em subir. Será divertido/corajoso/heroico/ousado/maravilhoso, diz o lobo frontal, sempre em busca de aventura. A outra parte, a que se preocupa com coisas tipo cair de barriga na água e morrer, não está ativada o bastante para impedir o saltador de subir a escada. "Depois. Vou me preocupar com isso depois", diz o cérebro de lagarto.

Só que o diálogo muda de forma radical no topo da torre. Afinal, a morte parece iminente. Agora a outra parte do cérebro, que muitas vezes fica mais poderosa, fala e insiste (exige) que esse absurdo termine. É *alto*. É perigoso. É uma loucura.

O surpreendente é que, após o primeiro salto, todos que passam pela experiência fazem a mesma coisa.

O saltador sai da água, corre até os degraus, sobe mais uma vez e pula de novo. A zona de segurança foi ajustada, a zona de conforto, alinhada. Por ora. E temos a oportunidade de fazer disso um hábito.

A verdade sobre montanhas-russas

Todo mundo sabe que é pouco provável morrer em uma montanha-russa. Dirigir até o parque de diversões é muito mais perigoso do que entrar no brinquedo.

Mesmo assim... E mesmo assim, embora saibamos que é bastante segura, uma boa montanha-russa nos aterroriza desde a primeira subida abrupta até o alívio no final. Porque foi *projetada* para isso. As curvas, os *loops*, o barulho e a velocidade são pensados para burlar a região do raciocínio e ativar direto a amígdala, que é o tronco cerebral pré-histórico, a parte do cérebro programada para evitar o perigo.

Construímos uma cultura repleta de espécies de montanhas-russas.

Todo o teatro da segurança no aeroporto é uma montanha-russa cultural, na qual os agentes uniformizados interpelam alguns passageiros para (assim esperam eles) deixá-los com medo e tranquilizar os demais. O baile de formatura é um tipo bem diferente de montanha-russa, projetada para gerar uma reação distinta, a de deixar o garoto pouco popular tão envergonhado com a perspectiva de não ir à festa que ele vai acabar indo de todo jeito, porque é o mais seguro a se fazer.

Ou pense na entrevista de emprego, uma situação carregada de estresse que seria mais eficaz se não estivesse associada a toda essa pressão – você não será engolido por um leão, então o instinto de lutar ou fugir não tem grandes utilidades aqui. Mas é justamente por isso que alguns entrevistadores equivocados geram estresse – eles acham que isso vai mostrar como você se sairia no trabalho.

A maior montanha-russa cultural de todas é aquela que nos impulsiona a manter a cabeça baixa e obedecer e que causa um curto-circuito na sua arte. É a ameaça tácita (aliás, nos fazem não esquecer dela desde o primeiro ano da escola) de que você está a apenas um passo de ser despedido, condenado ao ostracismo, expulso e exilado da comunidade. Não é verdade, mas seu cérebro de lagarto não sabe disso, do mesmo jeito que não sabe que uma montanha-russa do Six Flags não vai matar você.

Nada disso é racional. Porém, é eficaz, pois mexe com o medo e a vergonha que sentimos.

Resiliência e a fábrica

Uma fazenda industrializada e lucrativa não consegue lidar com mudanças climáticas radicais. É otimizada para gerar ganhos a partir de dados controlados. Um grande hotel que era rentável não pode ser transformado facilmente em hospital ou centro cultural após falir – ele foi projetado para realizar com primor apenas uma função.

Indústrias como essas são cavalos de corrida puro-sangue, Ferraris capazes de voar na pista se tudo estiver no lugar.

Quando o mundo muda, os industrialistas ficam estressados. Isso porque o sistema industrial é otimizado, aperfeiçoado e ampliado para maximizar o lucro. Como um cachorro de concurso que jamais sobreviveria na natureza, o sistema industrialista é mimado e frágil.

Os artistas não podem se dar ao luxo de serem frágeis. O trabalho é uma série de projetos e problemas a serem resolvidos, não um ambiente impecável e previsível onde insumos e dados selecionados levam a resultados cada vez mais refinados.

Pois é, o mundo está cheio de dinossauros, máquinas industriais gigantescas que dominam a paisagem. Os artistas são apenas passarinhos ciscando os restos. Contudo, a questão é que, quando os tempos mudam, o artista, com sua resiliência, rapidez e capacidade de adaptação, aguenta muito mais do que o industrialista pesado e frágil.

O mito do talento

Quando você fala consigo mesmo, quem está ouvindo?

Tentamos marginalizar a noção de cérebros múltiplos. Ridicularizamos de forma cruel quem tem esquizofrenia e zombamos da noção de uma personalidade cindida. Mas todos nós não somos múltiplos?

Uma parte de nós quer subir a escada, pular, voar, causar impacto. A outra, mais primitiva, quer ir pelo caminho seguro, sem chamar atenção, para evitar o fracasso.

A economia fez um esforço extra para enfatizar e recompensar o lagarto. A sociedade que construímos se baseia em tornar o artista a exceção, sendo o heroísmo o exemplo raro que confirma a regra.

Quero que eles descubram que são artistas; todo mundo é artista, um criador que refina a sensibilidade sem saber disso.

Yves Klein

O pior de tudo é termos inventado a ideia de que existem talentos específicos. A noção de que algumas pessoas nascem com habilidades divinas para uma determinada atividade – o talento para pintar, falar, escrever, liderar, inventar ou confortar. O restante de nós, diz essa narrativa, somos zangões, as abelhas operárias que não têm direito aos benefícios reservados para poucos.

E nós cooperamos. Não precisa de muita coisa para um pai ausente, um professor de jardim de infância cansado ou um treinador ou chefe focado no curto prazo nos convencer de que é isso mesmo. Em geral, uns poucos comandos são suficientes para abandonarmos a arte que existe dentro de nós.

Se é tão óbvio assim que existem pessoas com talento e outras sem, por que é tão difícil escolher quem ganha e por que sempre somos surpreendidos por um triunfo que ninguém esperava?

Medo de falar em público

Lógico que estamos com medo. A evolução nos fez identificar sinais de perigo, e eles estão todos presentes. Precisamos nos posicionar na frente das pessoas – que talvez fiquem furiosas ou se sintam provocadas. Precisamos falar, quem sabe até dizer algo estúpido ou contradizer o líder.

Podemos ser banidos da comunidade por conta disso, ser deixados na selva para nos defendermos sozinhos dos animais.

Claro que o cérebro de lagarto está em alerta máximo. E que preferimos evitar esse risco tolo.

Riscos tolos são coisa para os deuses. Os mitos que escrevemos são sobre isso. Não falam da vida cotidiana e banal deles. Não, escrevemos, falamos e sonhamos com as façanhas corajosas e os riscos tolos que eles assumiram.

Os deuses somos nós. E, sim, os deuses são loucos.

A invenção do bloqueio de escrita

O termo "bloqueio de escrita" foi cunhado por Edmund Bergler há menos de cem anos. Veja como essa aflição se tornou uma epidemia:

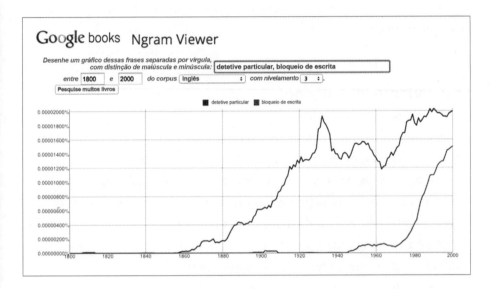

Nesse ritmo, em poucos anos haverá mais escritores com bloqueio do que detetives particulares.

De acordo com Joan Acocella, assim que a escrita ganhou importância, a resistência se apossou dela. Há mais de cem anos, não era incomum que escritores como Anthony Trollope e Charles Dickens escrevessem pelo menos quarenta livros ao longo da carreira, paralela ao trabalho formal deles. A pessoa se sentava, escrevia e aí terminava.

No entanto, a partir dos anos 1950, quando a escrita se tornou divina, quando a criação dos grandes romances norte-americanos passou a ter muito *kamiwaza*, começaram as bebedeiras e também o bloqueio. Era mais fácil falar sobre fazer arte do que de fato realizá-la.

E é nesse ponto que estamos hoje, só que *tudo* que temos de importante para fazer também está cercado de riscos, porque vai contra o caminho fácil da obediência e da culpa. Tudo que importa é como a escrita, porque tudo é arte.

Nu, vulnerável e divino

Existe tensão em todos os mitos. Nenhum deus é onipotente, nenhuma ação é garantida, nenhum universo é livre de retaliações ou riscos.

Ao agirem, os deuses se arriscam. Eles estão se relacionando com o universo e os mortais, além de interagirem entre si, então alguma coisa pode acontecer. E isso pode não dar certo para eles.

É essa vulnerabilidade que torna tudo interessante. E, sem dúvida, é a vulnerabilidade que humaniza todos os deuses.

Um TED Talk da escritora Susan Cain aborda o cerne dessa questão. Autora de um livro sobre o poder de ser introvertido, Cain virou o jogo, de forma paradoxal, ao superar a timidez na frente de centenas de pessoas. O público se identifica com a história dela não por ser a descoberta de uma nova verdade, mas porque, como os deuses, ela se abriu para nós, se posicionou e se pronunciou.

Mas ela foi ousada? Foi, sem dúvida alguma. Ousada em sua vulnerabilidade. Corajosa pela força que precisou para falar com calma, vencer o medo e se colocar, ainda que fosse incômodo até se sussurrasse baixinho. Ser ousado não é sinônimo de ser belicoso ou exagerado. Às vezes, significa simplesmente estar conectado.

Somos atraídos para nos conectarmos com pessoas que fazem arte. Elas são como nós quando estamos no nosso melhor. São os novos deuses mitológicos.

Criar tensão

É isso que um orador influente faz. É o trabalho do fotógrafo, do treinador ou do professor que fazem a diferença.

A tensão nos faz concentrar a atenção. A tensão nos aproxima, todos ansiosos para descobrir se ela será aliviada.

É preciso ter confiança e audácia para criar tensão de modo intencional.

O trabalhador não deseja tensão nenhuma. O cozinheiro ou a pessoa que segue as instruções no guia para iniciantes deseja apenas atender às especificações e evitar qualquer possibilidade de tensão.

Mas o artista confia tanto na obra e no público que se deleita em aumentar a tensão até o ponto de ebulição, para depois aliviá-la.

Talvez isso não dê certo

Esse é um mantra do artista. É justamente daí que vem a vulnerabilidade e também o fascínio. Se você tivesse a *certeza* de que vai dar certo, existiria tensão? "Talvez dê certo" é a irmã gêmea do "talvez não dê certo".

Kamiwaza não significa ser todo-poderoso e perfeito. Se os deuses fossem perfeitos, não haveria por que contar esses mitos. Nós os contamos precisamente porque os deuses não são perfeitos – são apenas ousados.

O industrialista (o seu chefe, quem sabe) exige que tudo seja comprovado, eficiente e seguro. O artista não busca nada disso. O valor da arte está na disposição de encarar o risco e aceitar o abismo do possível fracasso.

Mudanças são poderosas, mas sempre vêm acompanhadas da possibilidade de fracasso. Não devemos apenas tolerar o "talvez não dê certo", mas ir atrás disso.

Nadar ou afundar

Muitas vezes, os deuses mitológicos enfrentam consequências terríveis. Eles são banidos do reino ou abandonados para serem devorados por pássaros por toda a eternidade.

A cultura industrial não funciona dessa maneira. Podemos falar sobre "nadar ou afundar", mas não tem tanta gente assim afundando, ao contrário do que você poderia esperar. Várias pessoas ficam boiando na superfície, outras tantas nem querem entrar na água, mas afundar é pouco comum.

Quando um negócio fracassa, empregos são perdidos, muitas vidas são afetadas; é verdade. Mas ninguém é queimado na cruz. O sofrimento não dura tanto quanto o medo nos faz acreditar.

E isto é ainda mais encorajador: quando um projeto de arte é malsucedido, ele desaparece. Não é aplicada uma punição: notas não ficam registradas no boletim, carreiras não são interrompidas para sempre.

Na economia de conexão, na verdade, é a pessoa que não sobe no palco que é punida. Nela, os medrosos estão desconectados. Eles são punidos, não por afundarem, mas por estarem isolados.

Exageramos bastante o risco de afundar, sem dar o devido valor ao ato de nadar.

Aliás, é mais fácil fazer *kamiwaza* do que refletir isso.

Quando houver mais gente fazendo arte, é evidente que afundar vai se tornar mais frequente. Mas também haverá mais pessoas nadando e se conectando e mais arte.

Não existem mapas, mas existem escolhas

Com a arte, não existe mapa da segurança, manual fácil de consultar, método garantido.

Quando se tem coisas assim, a arte é feita pelos números e praticamente não vale a pena.

Viver sem mapa pode ser desconfortável para uma cria da era industrial. É uma vida sem garantias, cujos riscos são exacerbados, ao mesmo tempo que se minimiza a banalidade de uma existência sem arte.

Diante da escolha entre morrer por dentro enquanto o mundo se mecaniza ou confrontar o medo que fomos doutrinados a sentir, muitos podem optar por sofrer em silêncio.

Certo, é seu direito fazer isso, mas entenda que é uma escolha. A escolha entre ser a peça fundamental (a pessoa de quem todos precisam) ou uma peça na engrenagem (que faz o que lhe mandam). A escolha entre fazer arte (e traçar o seu próprio caminho, nos seus próprios termos, e ser responsável pelo que acontecer) e apenas fazer o seu trabalho (e, desse modo, entregar o poder e as responsabilidades nas mãos de outra pessoa).

A boa notícia é que a escolha é sua, e de mais ninguém.

> Seja bem-vinda, ó vida, eu vou encontrar pela milionésima vez a realidade da experiência e forjar na oficina da minha alma a consciência ainda inexistente da minha raça.
>
> Stephen Dedalus, protagonista do romance
> *Um retrato do artista quando jovem*, de James Joyce

PARTE TRÊS

Garra, arte e o trabalho que vale a pena fazer

Verdadeira garra

Dentro de casa, algo com garra pode estragar o tecido do sofá ou o polimento do móvel, sem dúvida. Mas o estrago é bem maior em uma linha de montagem, pois pode riscar peças mecânicas ajustadas com precisão, rasgar uma caixa ou fazer um arranhão no acabamento brilhoso de um piano Steinway.

Estamos dispostos a fazer de tudo para eliminar isso. O exército gasta bilhões de dólares para eliminar a garra, para identificar os soldados que não obedecem – e se livrar deles. A parte inicial do treinamento básico trata de eliminar a garra, as rebarbas e arestas que interferem na coesão do grupo. O exército quer que o grupo tenha garra, e não o soldado individualmente.

Todos os sistemas industriais abominam a garra, as unhas fortes e afiadas que atrapalham o trabalho e tornam os resultados imprevisíveis. A lisura do mundo digital é a antítese da garra. Processos comprovados são o oposto da garra.

Garra é o nosso futuro.

O melhor e mais brilhante futuro que temos. Talvez a única esperança que nos resta.

Garra é o obstáculo inesperado, a decisão que não pode ser alterada, a insistência em uma visão ou ainda a ética de um criador. A garra atrapalha os compromissos de curto prazo do industrialista.

É essa mesma garra que buscamos em um líder ou um herói. Devemos nos lembrar da garra de um felino – da sua capacidade de resistir e reivindicar o próprio território. Alguém com garra vai combater a oposição, se posicionar em relação às críticas e fazer dia após dia o que é certo para a sua arte.

Sobretudo, pessoas assim perturbam o sistema.

Garra reivindica o poder

Hesitamos em expor o nosso verdadeiro eu, em nos manifestar e fazer o trabalho do qual somos capazes devido ao medo de não ter o poder para tanto.

Mesmo assim, algumas pessoas conseguem encontrar esse poder.

Professores titulares vivem com medo do presidente do comitê, do editor do periódico acadêmico ou das avaliações dos alunos – só que alguns são diferentes; eles se posicionam, se manifestam e causam impacto.

Trabalhadores da linha de montagem vivem com medo do encarregado e do chefe do sindicato – porém alguns não; eles apontam as ineficiências, os problemas de segurança e, o mais importante, colaboradores menosprezados que querem fazer a diferença.

Criadores vivem com medo do crítico, cujos comentários afiados podem derrubá-los – basta apertar uma tecla. Mas alguns são destemidos, dispostos a sofrer as críticas do momento e a seguir em frente para mudar a cultura.

Garra é a atitude de alguém que percebe que tem o poder de se importar e a intenção de fazer algo com isso.

Eliminar de forma implacável o controle, a motivação e a aprovação vindos de fora

A era industrial – com sua economia de bens e serviços produzidos em massa, em que a eficiência na distribuição supera a arte – valoriza o controle, fomenta a motivação externa e usa a aprovação como arma para impor a conformidade. Para fazer arte, você precisa eliminar esses três aspectos externos:

Controle, pois o controle externo é a fábrica. Controle significa que você fará o que lhe mandarem, será parte da máquina, uma peça confiável da engrenagem. O controle abomina a garra por dificultar a sincronização.

Motivação, pois quando confia na motivação externa para dar o melhor de si, você passa a responsabilidade e a autoridade a um terceiro. Você será julgado pelo desempenho do chefe ao motivá-lo, e não pelo que você é.

E *aprovação*, pois as massas sempre se enganam. As massas querem pão e circo, leões e gladiadores, *A família Buscapé* e Justin Bieber. Você pode ir muito além do que as massas querem. Pode buscar a sua própria aprovação.

Elementos da garra

Vários autores, como a psicóloga Angela Duckworth, definiram elementos que se combinam para dar a alguém o atributo capcioso que chamam de coragem. Eis os principais elementos descritos por eles.

PERSEVERANÇA: Muita gente confunde perseverança com garra. A garra a abarca, mas vem antes da necessidade de perseverança porque abrange ainda objetivos e uma paixão por eles. Há quem persevere apenas porque foi instruído a fazê-lo. As pessoas com garra perseveram por acreditar que não têm outra escolha, não se desejarem ser quem elas são.

RESISTÊNCIA: O marinheiro capaz de sobreviver à longa jornada, o soldado que não esmorece apesar das noites sem dormir e dos perigos indescritíveis, e o programador que se enche de Red Bull para cumprir um prazo – todos eles têm resistência, mas será que aprendem alguma coisa com essas experiências? A pessoa com garra, com a determinação de fazer a diferença, resiste tão bem quanto os outros, mas depois reflete sobre o acontecimento e o transforma em algo que lhe permitirá causar um impacto maior na próxima oportunidade.

Se você está cansado do esforço de cada dia, talvez o esteja encarando como um inimigo que não faz parte do trabalho em si. Já a pessoa com garra entende que o esforço faz parte do trabalho e também do que o faz ser interessante; ou seja, um desafio que vale a pena. Se não houvesse dificuldade, você não precisaria de garra.

RESILIÊNCIA: O processo dinâmico de superar a adversidade, repetidas vezes, inclui perseverança e resistência. Como o mercado continua a criar obstáculos e contratempos nos negócios, resolver o problema com garra (enquanto processo, e não um acontecimento isolado) transforma cada obstáculo em um processo de aprendizagem, não mais um aborrecimento momentâneo a ser enfrentado.

Resiliência exige flexibilidade – a vontade de mudar uma coisa para compensar algo que está quebrado ou deu defeito.

A prática diária de terminar tudo logo é substituída pela de fazer o trabalho. Essa mudança de atitude transforma o trabalho e o trabalhador.

AMBIÇÃO: O desejo de realização, poder ou superioridade não tem nada a ver com garra, só que as pessoas comprometidas com um objetivo e um modo de ser, em geral, são reconhecidas por isso.

De fora, parece que existe uma correlação entre garra e sucesso. Porém, por mais que exista, não é necessariamente uma conexão.

A garra independe de um sucesso externo mensurável. A recompensa pela garra é ela mesma.

COMPROMISSO: Há cinquenta anos, o cientista social David McClelland estabeleceu uma diferença entre a "necessidade de realização" e a atitude que descrevemos como ter garra. Pessoas com garra definem de forma consciente metas a longo prazo difíceis de atingir e não vacilam em relação a elas, mesmo que não recebam feedback.

A economia e a cultura atuais fornecem mais feedback do que em qualquer outro período da história da humanidade. Agora não recebemos mais uma avaliação anual de desempenho: nosso trabalho é analisado toda vez que checamos o e-mail, as redes sociais, o sistema. Se você tiver sacrificado sua bússola quanto ao futuro pelo altar do feedback instantâneo, talvez desfrute de algum sucesso passageiro, mas já desistiu de ter garra.

FLOW: Algo extraordinário acontece quando nos deixamos tomar pela paixão e nos concentramos de forma absurda e profunda em algo com que nos importamos.

O autor de best-sellers Michael Lewis descobriu que queria se dedicar a escrever para o grande público quando estava no último ano de Princeton, elaborando uma dissertação sobre um tema que já caiu no esquecimento. O conteúdo não era importante, e sim a maneira como chegou a essa conclusão. Nessa época em que estava escrevendo, o lagarto ficou mais quieto, a resistência desapareceu e o tempo desacelerou. Ele estava lá, sem medo, desimpedido e vivo de verdade.

Aquilo em que você está empenhado não é tão importante quanto o fato de estar empenhado.

Alinhamento

Na loja de bicicletas, o melhor mecânico vai gastar alguns minutos a mais para alinhar as rodas.

Quando estão alinhadas, elas não oscilam. Aumenta a eficiência. As rodas ficam suaves ao girarem sem o atrito e o desperdício de energia causado pelo desalinhamento.

A economia industrial exigiu um alinhamento perfeito. Isso pressionou nossos pais a garantir que estaríamos alinhados, assim como aconteceu com os pais deles. A economia estava faminta, ávida pelo trabalhador obediente, aquele que encaixaria a cabeça redonda no buraco redondo, as mãos quadradas nos buracos quadrados.

E por que não? Fazer de outro jeito é perturbar o sistema.

Não devemos mais nos preocupar em perturbar o sistema.

Qual é o sentido de se conectar em um mundo perfeito e sem garra, sem surpresas, sem diferenças? Se apararmos as arestas e apagarmos as manchas, e não houver ninguém diferente, que se importe, que se manifeste, é melhor nem levantar da cama.

A economia de conexão exige garra e desalinhamento; exige a arte da imperfeição porque a perfeição é entediante, ordinária, e porque algo sem defeito algum não gera interesse nenhum.

Não precisamos de mais coisas, precisamos de mais humanidade.

A farsa sobre o talento

É uma farsa não porque falte talento por aí, mas porque muitas organizações apenas *fingem* que estão em busca desses talentos.

"Queremos talentos", dizem eles, "desde que estejam alinhados e sejam produtivos e previsíveis. Queremos talentos se isso significar mais produção por dólar pago, mais esforço a cada dia, ou seja, receber mais do que aquilo que achamos que estamos pagando. Com certeza, pode mandar para cá esse tipo de talento."

Um talento alinhado, é claro, não consegue mudar tudo; nem criar um movimento ou quebrar um paradigma. Talento assim não é talento porque não oscila. Não podemos desejar um colega, um chefe ou um funcionário especial, alguém que seja um em um milhão, e depois exigir dessa pessoa que não tenha garra, que não faça nada que atrase a linha de montagem. É uma coisa ou outra: se a organização quer eficiência, ela deve aceitar o *status quo* e evitar a coragem a todo custo. Por outro lado, a organização que deseja crescer e busca gerar valor não tem escolha a não ser contratar as peças fundamentais, as pessoas indispensáveis, que lutam por alguma coisa. Pessoas com garra.

É tarde demais?

Talvez essa seja a única pergunta a se fazer agora. É tarde demais para encontrar garra, para invocar os seus talentos (os desajustados, os inesperados, os que assustam as pessoas)?

Vamos diminuir um pouco o ritmo e fazer antes uma pergunta mais difícil do que essa.

Quem é o "eu" que está no controle da situação?

Quando você reflete consigo mesmo sobre um novo projeto, um novo emprego ou se deve ou não comer aquele sanduíche de pastrami, o que passa pela sua cabeça? Quem, mais precisamente, está falando com você?

Uma parte sua (a parte que comprou este livro ou no mínimo decidiu lê-lo) se dói por saber qual é o seu potencial. Essa parte do cérebro busca respeito, valoriza realizações e sabe, de verdade, que você é capaz de muito mais do que já fez até hoje.

A outra parte do seu cérebro está com medo. A amígdala evoluiu ao longo de milhões de anos para otimizar a capacidade de nos transformar em uma poça de geleia tremulante. Essa parte do seu cérebro foi estimulada e ganhou um passe livre por parte dos industrialistas no poder. Passamos por lavagem cerebral na escola, fomos doutrinados pela propaganda industrial e hipnotizados pela grande mídia para acreditar que a conformidade não apenas é segura, como também correta e necessária.

Nunca é tarde demais para pender para o outro lado da balança que equilibra as duas partes do seu cérebro. Nem para retomar o controle, para mudar hábitos arraigados e para fazer o trabalho do qual você é capaz.

Com a economia de conexão e a cultura em que vivemos, nunca foi tão fácil (ainda assim, incrivelmente difícil) começar a trilhar o caminho dos deuses. Não se trata de um penhasco ou de um precipício; é um caminho passo a passo, uma inclinação gradual, um método, de pouco em pouco, para ir de onde você está agora até onde merece estar. Em passos de dança.

Sim, você deve dar um salto para o abismo. Mas você sempre pode começar com algo pequeno e aumentar a dificuldade aos poucos.

O problema em culpar o sistema

... é que já sabemos que ele está quebrado.

Se você chegar atrasado no congresso e culpar a companhia aérea por ter alterado os voos, não seremos nada solidários porque isso é algo que sempre acontece.

Se você obtiver resultados fracos no trimestre e culpar o poder em declínio dos comerciais televisivos, não iremos quebrar seu galho, não – afinal, todo mundo está assistindo à queda desse setor publicitário.

E se estiver sem perspectivas de emprego e culpar a baixa demanda por trabalhadores esforçados, competentes, mas substituíveis, você não nos disse nada de novo.

Culpar o sistema é reconfortante porque tira o seu da reta. Mas se o sistema já estava quebrado, antes de mais nada fica este questionamento: então por que você contou com ele?

PARTE QUATRO

Vergonha, vulnerabilidade e ficar nu

A criptonita torna real o Super-Homem

A criptonita, é claro, deve ser evitada. Qualquer variedade de criptonita pode matá-lo. Ela pode perfurar sua armadura e deixá-lo indefeso.

Os quadros organizacionais são preenchidos com caixinhas individuais ligadas por linhas finas, e cada um de nós vira uma peça intercambiável em um sistema amplo de comportamentos previsíveis. O mundo industrializado, corporativo e organizado gosta que seja desse jeito. Peças intercambiáveis, pessoas intercambiáveis. Não saia para fora da cerca!

Nesse mundo, a melhor estratégia para o sucesso é ficar onde estamos, fazer o nosso melhor e esperar que a caixinha com nosso nome suba no quadro da empresa. Defenda as caixinhas, defenda o sistema e, principalmente, não baixe a guarda.

Parece que essa é a estratégia certa. Por que se abrir para críticas, derrotas e humilhações se você pode se proteger disso?

Só parece a estratégia certa porque fomos doutrinados durante cento e cinquenta anos.

Ela está errada.

Se não existir a criptonita, o Super-Homem perde a importância – ele vai ficar sem fraquezas e vulnerabilidades e também sem graça nenhuma.

Evitar verdades perturbadoras

Pessoas no poder e organizações que funcionam em grande escala raramente procuram descobrir verdades que perturbam seu *status quo*.

O *status quo* é uma maravilha. Oferece um emprego bom e fácil, um lugar seguro onde podemos evitar as vicissitudes do mundo real. Pessoas empenhadas em manter o *status quo* são competentes e gostam da competência que possuem – verdades perturbadoras podem arruinar tudo isso.

O problema para eles é que não importa se buscam ou não essas verdades. De todo modo, as verdades vão encontrá-los. A economia, a cultura e o mercado vão expô-las e, em seguida, trabalhar para destruir o *status quo*. Mais cedo ou mais tarde, a realidade vence.

Os artistas nunca deixam de procurar a verdade perturbadora por trás da fachada. Quando a realidade chegar, eles não ficarão surpresos, porque viram que isso iria acontecer. Em alguns casos, até incentivaram que isso acontecesse.

Arte envolve vulnerabilidade, e talvez o custo disso seja a vergonha

A era industrial nos deu a zona de segurança da conformidade, a segurança de fazer o que nos foi ordenado e de ganhar o que nos foi prometido.

Não é surpresa nenhuma que a combinação de uma ótima remuneração (devido à produtividade criada pela era industrial) com o medo

Se poucas pessoas duvidam de você, é porque você não está fazendo a diferença.

do risco, cultivado por um longo período (devido aos milhões de anos de sobrevivência na floresta e na selva), tenha levado a um alinhamento mágico entre a zona de segurança e a zona de conforto. Espere aí! Esse novo emprego que gera riquezas não nos assustou *e* ainda por cima fomos pagos.

Mas, à medida que a era industrial chega ao fim, está sendo criada uma nova zona de segurança, para os artistas. Mudanças nunca serão fáceis, mas esta é especialmente difícil porque significa se afastar de algo programado em todos nós – o desejo de se encaixar.

E o pior é que o preço de fazer arte é a vulnerabilidade. Quando assumimos responsabilidade, nos posicionamos e nos destacamos, viramos um alvo fácil. Para muitas pessoas, essa vulnerabilidade também desencadeia sentimentos de vergonha, que são como um nervo exposto em um dente do siso, algo a ser evitado de todas as maneiras.

O dia em que esqueci o paletó

Há seiscentas pessoas lá embaixo, e em uma hora estarei no palco, como palestrante convidado. Ao me vestir esta manhã, percebi que esqueci de trazer o paletó do terno.

Tive um bom motivo para isso – estava um calor de trinta graus quando saí de casa; quem usa terno quando está quente desse jeito? Mesmo assim...

Não é comum eu ficar ansioso antes de dar uma palestra. Já fiz isso mais de mil vezes e, depois de um tempo, o medo passa. Mas hoje não estou me sentindo muito bem.

O terno é uma espécie de armadura para mim, assim como os slides, o controle remoto para passá-los e a beira do palco. Isso tudo me protege da intimidade com a plateia. O terno me dá o rótulo de palestrante, o outro, o cara que está isolado dos demais, mesmo que seja por somente meio centímetro de tecido.

É uma falta de respeito eu não estar mais bem vestido do que o público? Vou ter vergonha de aparecer e compartilhar minha visão sobre o próximo passo que eles podem dar? Que direito eu tenho de dizer qualquer coisa para esses profissionais talentosos em suas especialidades?

Meu trabalho sempre tem a ver com se conectar com o público, o que inclui uma vulnerabilidade. *Aqui estou eu*, preciso falar. Eis o que *eu* penso, não o que outra pessoa disse, nem o que alguns estudos afirmaram.

E fazer isso quase despido, a um passo da vergonha, intensifica ainda mais essa vulnerabilidade dentro de mim. Não porque eu precise chegar e dizer: "Ei, pessoal, me sinto um idiota, vim sem paletó". Não, vulnerabilidade não é isso. Tem a ver com o que se passa na minha cabeça, e não com o que conto para o público. Diz respeito à disposição de ficar na frente das pessoas e assumir o que tenho a dizer.

Em parte, é isso que faz valer a pena. Fazer isso como um super-herói invulnerável não significaria nada para mim e menos ainda para a plateia.

"Não queira me consertar; me ame pelo que tenho de errado"

É muito fácil que a perspectiva da vergonha nos paralise. Quando um amigo compartilha uma ladainha de problemas e explica por que está de mãos atadas (o processo na Justiça, a dificuldade de levantar dinheiro, a lesão na ioga, o problema na relação com o pai), é bem provável que não esteja pedindo uma solução, mas empatia e compreensão.

Mas por que ele não tenta resolver os problemas? Talvez agora eles tenham se tornado uma muleta, uma companhia, quem sabe um melhor amigo.

Por que não arregaçar as mangas e usar todas as ferramentas disponíveis para dar grandes passos e de fato seguir em frente?

Porque avançar é arriscado e pode não dar certo, fora que talvez não fique melhor do que está agora. Lógico, tudo isso é verdade, mas o principal é o seguinte: seguir em frente pode abrir a possibilidade de você ser considerado um tolo, de ser acusado de insolência e, sobretudo, de se expor à vergonha de tentar e fracassar.

Fomos enganados inúmeras vezes, submetidos a uma lavagem cerebral para acreditar que a perfeição é mais importante do que o esforço, e compramos a ideia de que precisamos nos contentar com o que nos foi oferecido.

Arte é vulnerabilidade sem a perspectiva de vergonha

Kamiwaza inclui eliminar artifícios, defesas e poses do nosso trabalho e reduzi-los à verdadeira essência, para excluir maneiras de se esconder ou arranjar desculpas.

O que nos torna extraordinariamente vulneráveis.

Quando não só damos tudo de nós, mas ainda o fazemos de modo a não poder jogar a culpa em nada, aí sem dúvida os resultados nos pertencem.

Uma peça na engrenagem do sistema industrial jamais opta por fazer isso. O sistema nos oferece proteção, uma política, uma desculpa. Assumir a própria ideia, ser responsável pelo projeto... Com essas coisas, corremos o risco de ser acusados de arrogância.

Os industrialistas reforçaram a vergonha pela insolência para nos manter na linha.

A maneira mais fácil de garantir que as crianças façam o dever de casa é envergonhar em público o aluno que deixou de fazê-lo. Para garantir que os consumidores comprem os produtos à venda, os poderosos fazem quem não tem dinheiro se sentir envergonhado por não poder comprar o que é necessário para se encaixar na sociedade. A maneira mais fácil de garantir a conformidade entre os funcionários é destacar quem se destoa e fazer essas pessoas sentirem vergonha por sua imprudência, desobediência ou empáfia.

O ciclo da vergonha começa cedo e nunca cessa. Eles usam a vergonha para manter conversas e comportamentos no armário e para garantir que quem não tem um poder definido e reconhecido fique quieto. Acusações do tipo "como você ousa?", "quem você pensa que é?" e "que convencido!" vão direto ao ponto.

Quando alguém no poder pergunta: "Por que você fez isso?", fomos treinados para responder: "Me disseram que era para fazer". Parece que essa é uma resposta segura, uma forma de não ser responsabilizado. "Só estava fazendo o meu trabalho" deveria nos proteger da vergonha.

O medo da vergonha é uma ferramenta poderosa para modificar o comportamento, e quem ocupa o poder a usa há anos. Eles querem nos mudar através da vergonha, e fomos ensinados a ouvir, acreditar e engolir isso.

Não é fácil se expor a tantas possibilidades de sentir vergonha, então a única alternativa é se recusar a aceitá-la e simplesmente honrar as conexões estabelecidas. Não há problema em reconhecer que existem aqueles que vão tentar envergonhá-lo, mas isso não significa que tenha que aceitar o que lhe é dado. Não trabalhamos pelos aplausos e seríamos tolos se lêssemos os comentários anônimos na Amazon ou os tweets vindos do fundo da sala. Quando seu restaurante recebe uma crítica ruim no Yelp ou um estranho dá um berro do nada, você escolhe se vai tomar para si essa tentativa de fazê-lo se calar e se conformar.

Pois é, a pessoa com *kamiwaza* diz para quem está do outro lado: "Eu sou deste jeito". Em resposta, abrimos a possibilidade de uma conexão humana válida com quem é generoso o suficiente para receber o nosso trabalho da maneira que pretendíamos apresentá-lo.

Porém, se permitirmos que a vergonha faça parte da vulnerabilidade, deixaremos que ela destrua o nosso trabalho. A vergonha é o buraco negro fatal, o terceiro trilho, o fio que nenhum de nós quer tocar. Se tiver a sensação de que a sua vulnerabilidade o está levando para um lugar sombrio, você vai recuar e vestir a armadura.

É impossível fazer arte com riscos tão altos. Você não deve falar: "Se der certo, ótimo, mas se não der, vou passar vergonha".

Não, a única maneira de ser vulnerável de uma maneira positiva é separar o resultado da sua arte do seu instinto de sentir vergonha. E isso é possível porque, embora haja quem tente fazê-lo se envergonhar, ela só é eficaz quando é aceita. Ninguém pode fazer você sentir vergonha sem a sua participação.

Sem-vergonha?

Que acusação arrasadora... Chamar alguém de sem-vergonha é colocá-lo no papel de um pária, daquele que se recusa a seguir as normas culturais. O sem-vergonha que se autopromove, o sem-vergonha depravado e vigarista, o artista sem-vergonha e covarde que é uma fraude...

E ainda há outra maneira de ser sem-vergonha.

É ser o tipo de pessoa que tem tanto a dar que está disposta a ser vulnerável diante do público e, ao mesmo tempo, evita os sentimentos negativos causados pela vergonha.

Estar no palco, na reunião ou atrás do teclado e trabalhar sem ter vergonha é agir com uma confiança divina. Não porque as pessoas não querem que você sinta vergonha, mas porque você vai se recusar a aceitá-la.

Como disse Edmund Bergler: "O prazer megalomaníaco da criação... produz um tipo de júbilo que não pode ser comparado com o experimentado por outros mortais". Júbilo porque combinamos o risco da vulnerabilidade com a capacidade imortal de não sentir vergonha.

Faz tempo que a vergonha é uma ferramenta dos poderosos

Tribos tentam provocar vergonha em quem age ou tem uma aparência diferente.

As escolas usam a vergonha para forçar a obediência daqueles que podem se manifestar.

É fácil intensificar a vergonha, pois ela já está programada em nós. Até um filhotinho de cão sabe como fazer uma expressão facial de vergonha.

Quando quem ocupa o poder usa a vergonha para intimidar os fracos e fazê-los obedecerem, estão nos roubando. Eles nos dizem que vão expor os nossos segredos (não sermos bons o suficiente, não nos dedicarmos o suficiente, não sermos de uma boa família, termos cometido uma vez um erro grave) e usam a verdade para nos expulsar da tribo.

Essa vergonha, que vive dentro de cada um de nós, é usada como ameaça. E quando quem está no poder faz isso, também leva parte da nossa humanidade.

Aceitar (ou não) a vergonha

A desvantagem de ver, fazer e comunicar é que, às vezes, isso acaba causando vergonha.

A comunidade pode reagir a um ato corajoso fazendo o responsável se envergonhar. Em vez de recompensá-lo por se importar a ponto de tentar, existe um esforço de silenciá-lo e envergonhá-lo.

A vergonha é um assassino de almas, o inimigo de quem poderia ter coragem. A vergonha é a emoção que você sente quando é chamado pelo que fez ou disse.

O jeito mais fácil de evitar a vergonha (algo desejado por todo ser humano que respira) é não chamar a atenção. Se você não se manifestar e não agir, é improvável que seja o escolhido para ser intimidado e sentir vergonha. *Mas agora não chamar a atenção é uma receita para acabar bem longe da sua zona de segurança.* A economia industrial lhe propôs a barganha de se esquivar da atenção para se livrar da vergonha e de obedecer para ter estabilidade. Embora você ainda possa evitar a vergonha se escondendo, não vai encontrar felicidade e nem mesmo estabilidade dessa maneira.

A questão é que a vergonha é uma escolha. Vale a pena repetir: ela não pode ser imposta; é preciso que você a aceite.

O artista, então, associa a coragem a uma disposição feroz de se recusar a aceitar a vergonha. Culpa, tudo bem. Vergonha, jamais.

Qual é a vergonha de usar o nosso intuito da melhor forma e fazer arte para as pessoas importantes para nós?

Deu certo?

Quase deixei as críticas e os comentários destruírem o meu trabalho.

Eu me preocupava tanto em receber um feedback unânime e alcançar todo mundo que isso me paralisou.

Alguns anos atrás, fiz um discurso para doze mil pessoas. Tinha me preparado durante quase um ano e apresentei uma palestra com um material inteiramente novo, que foi sincero e importante para mim. Terminou com uma grande ovação de pé e um ótimo feedback por parte de quem eu gostava.

No caminho para o aeroporto, abri o Twitter para ver o que as pessoas estavam dizendo. Por conta do número de espectadores, não era de espantar que houvesse um monte de tuítes. Mais de cem foram postados poucos minutos após eu ter saído do palco. E um, somente um, era negativo.

Adivinha no que pensei o tempo todo até chegar em casa?

Escrever é uma atividade solitária e, depois da publicação do livro, muitos autores buscam validação. Verificamos as listas dos best-sellers da Amazon, as críticas na *Publishers Weekly* e, conforme são postadas, as avaliações do livro no site da Amazon. Lemos os comentários nos posts do blog que mantemos e vemos se alguém fez algum comentário sobre o nosso trabalho no Twitter.

Não há nenhuma lógica econômica nisso, porque não há nenhuma conexão econômica entre esses pequenos feedbacks e o cheque que podemos ou não receber dali a um ano. Não, isso tem a ver com o ego, com o cérebro de lagarto e com a nossa necessidade de nos fortalecer para repetir a dose.

A primeira coisa que observei sobre as resenhas da *Publishers Weekly* (que ficam bem destacadas em todas as páginas da Amazon e supostamente são lidas por livreiros que decidem o que vender em suas lojas) foi que elas eram anônimas. A segunda foi que, em geral, não gostavam dos meus melhores trabalhos e não tinham vergonha nenhuma de questionar o valor deles. Aí percebi que eles estavam errados – se o objetivo era dizer aos livreiros o que de fato venderia, não estavam cumprindo a missão quando se tratava dos meus livros e das obras de vários autores de sucesso.

Foi então que entendi o que eu estava fazendo com os comentários e as críticas que lia. De trinta, vinte e nove eram positivas (às vezes extraordinariamente positivas) e uma era destrutiva, para acabar de forma brutal com quem eu era e com o que estava tentando fazer. Nos dias seguintes, meu cérebro de lagarto só me deixava pensar na crítica ruim. A essa altura, eu não conseguia mais escrever, somente ir atrás de validação. Sem dúvida, esse ciclo é terrível, porque buscar mais validação também me deixou à mercê de mais rejeição.

Eu estava dando espaço para o negativo em detrimento do positivo, e não era por nenhuma razão útil, nem para aperfeiçoar a minha escrita, e sim para destruí-la. O cérebro de lagarto, muito sintonizado em quem ri nas nossas costas, estava em alerta máximo para esse tipo de crítica e faria qualquer coisa para me impedir de voltar a escrever.

Desde então, nunca mais procurei nem li críticas ou tuítes. Não é covardia, é o ato de quem tem o desejo de continuar a escrever e está determinado a fazê-lo para o público que ele mesmo escolher.

Passe longe dos descrentes.

Com quem o artista deve se preocupar?

O lema do artista sadio: *Passe longe dos descrentes.*

Primeiro, você deve escolher a si mesmo e, em seguida, o seu público.

Depois de criar a sua arte, seja ela qual for – um serviço, uma ideia, uma interação, uma performance, um encontro –, o trabalho está feito. Você não controla o que o público vai fazer com isso.

Se focar a angústia e a emoção nas pessoas que não o entendem, você vai destruir parte da sua alma, sem fazer nada para melhorar a sua arte. Essa arte, se você a fez direito, nunca foi para elas. Para piorar, na próxima vez que for fazê-la, a primeira coisa em que vai pensar é nesses descrentes.

Quando Patrick McGoohan trocou a reputação de ator no estilo James Bond para produzir e estrelar *The Prisoner*, foi um grande salto para ele. Abriu mão da reputação para ter controle criativo sobre uma nova série televisiva. Seguiu em frente e inventou um programa de TV que quase ninguém "entendeu".

O que não era problema para ele, porque não era *para* todo mundo mesmo. Era para poucas pessoas. Quarenta anos depois, a série dele, ao contrário dos demais concorrentes, ainda é discutida, assistida e cria conexões.

O tipo de arte que estou descrevendo não tem como objetivo agradar às massas. Por definição, elas não se satisfazem com o novo, mas com o que os outros pensam. Os primeiros fãs de Harry Potter foram cativados pela arte que J. K. Rowling criou para desafiá-los. Os próximos cem milhões de leitores quiseram conferir um fenômeno cultural de massa, não um livro ainda sem reconhecimento de uma autora desconhecida. O livro não mudou, mas sim a sua condição de obra de arte arriscada.

Isso não significa que não existam pessoas que decidem julgá-lo. Uma sinfonia que ninguém ouviu não é uma sinfonia; são anotações num papel. A arte só se torna arte quando encontra uma audiência. *Seu objetivo como artista é fazer uma arte que emocione o público que tiver escolhido.*

Se não conseguir comover o seu público-alvo, então você deve estudar o que deu certo e o que não deu e incorporar esse conhecimento na sua próxima empreitada. Interaja com o público se isso ajudá-lo a aprender como se sair melhor, mas não se isso der a quem resistiu uma desculpa para destruir seus futuros trabalhos.

Apenas um artista que nega a si mesmo lê as avaliações na Amazon e o feedback no Twitter sobre seu trabalho. Ele não vai aprender nada e ainda vai dar mais certeza ao cérebro de lagarto de que é um inútil.

Descubra para quem é a sua arte, aprenda a se conectar melhor com esse público e ignore o resto.

Todas as coisas sobre as quais você não pode falar

Faça uma lista. Faça uma lista das coisas sobre as quais você não pode falar no trabalho, com o seu marido ou a sua esposa ou com outras pessoas de quem gosta.

As coisas nesta lista (e aquelas que até hesitou em escrever) indicam os pontos dos quais você ou a organização sentem vergonha. Esses pontos de atenção são locais onde você prefere ser invulnerável. São áreas onde você constrói uma armadura, onde você não quer que ninguém entre.

A armadura impede a conexão e a vergonha se inflama. O fantasma da vergonha mata a arte.

Quando você fala sobre essas coisas, quando as assume, a vergonha começa a se enfraquecer e a vulnerabilidade volta a ficar disponível para você.

Conexão verdadeira

Com os nossos amigos de verdade, não conversamos no jantar sobre qual oficina faz a melhor revisão de carro e nem mesmo sobre o que estamos fazendo para avançar no trabalho. Conversamos sobre esperanças, sonhos e medos. Baixamos a guarda, deixamos de lado a armadura e nos abrimos. Ficamos vulneráveis, confiamos e temos vontade de falar (e de ouvir) a verdade.

Quando quem te ama fala de uma vida bem vivida, a conversa é sobre o que você fez de extraordinário, as pessoas que tocou com seu trabalho e o alvoroço que provocou. Acima de tudo, vamos lembrar como você se arriscou e se conectou conosco.

Artistas lideram, eles não vão atrás dos outros.

Se o seu público tentar envergonhá-lo pela arte que você cria

Nesse caso, eles deixam de ser o seu público e de merecer a sua vulnerabilidade. A vida de artista demanda interação com o público, por isso precisamos escolher um que respeite o nosso trabalho. Não porque seja mais fácil assim, mas porque é necessário compartilhar dons e dignidade para fazermos o nosso trabalho da melhor forma.

> Isso não é bom o suficiente.
> Eu não sou bom o suficiente.
> Isso é o melhor que eu posso fazer.
> É real e generoso.
> Vamos tentar.
> Talvez dê certo.

Remar o barco de outra pessoa

Não há nada de errado com chefes, com organizações, com o esforço de se alinhar com quem têm os mesmos objetivos e de trabalhar junto para alcançá-los.

Mas um dos resquícios da era industrial é o imperativo cultural de ficar responsável pelo que é importante para os supervisores. Quando outras pessoas estão ocupadas decidindo quais parâmetros devem ser importantes para o seu trabalho, você já desistiu de algo realmente precioso.

E todos nós temos supervisores. Temos bancos, gerentes, chefes. Temos públicos, críticas, sogras. No momento em que desistimos da nossa bússola interna para satisfazer à necessidade cultural de seguir o líder, fazemos outra pessoa virar o chefe.

Dinheiro, *status* ou o poder de mandar nos outros – essas são as coisas que você deseja de verdade ou são meros substitutos? Na escola, ensinamos as crianças a tirar boas notas, a obedecer e a se adequar ao rigor dos professores e dos pais. Mas e se essas coisas não fizerem parte dos *seus* planos?

Ao mesmo tempo que a economia muda, a cerca é derrubada e as regras são alteradas, as pessoas começam a prestar atenção e perceber que não precisam querer o que o sistema deseja.

Músicos e o barco

David Byrne parou de fazer parte dos Talking Heads. Ele abandonou o *status* de astro do rock, os shows em estádios lotados e o poder de ter sucesso nas paradas pop. Ele nunca quis essas coisas e decidiu não viver mais um sonho que não era dele.

Byrne não parou de fazer arte. Muito pelo contrário. Voltou a fazer a arte *dele*, a que escolheu fazer, e não o show que o mercado insistia que fizesse. Publicou livros sobre viajar de bicicleta, escreveu ensaios sobre a arquitetura de Atlanta e produziu uma bem-sucedida série de discos de música brasileira. Essa arte não ficou famosa, mas é importante.

Peter Gabriel também chegou no mais alto patamar da carreira de astro do rock, ao lançar um disco de ouro após o outro. Mas, para ele, produzir outro hino pop não era mais um risco, não era mais algo humano. Então ele parou. Começou a trabalhar com a Anistia Internacional e depois fundou uma organização de direitos humanos pioneira chamada Witness.

Esses homens não tinham como objetivo enriquecer as gravadoras ou agradar fãs que mal os conheciam. A meta era continuar a explorar os limites das suas paixões e fazer um trabalho que nunca tivessem feito.

A porosidade da sociedade pós-industrial, a vantagem que temos para alcançar quem tem objetivos semelhantes e, acima de tudo, o valor que a arte de verdade cria – todas essas coisas trabalham juntas para nos dar a liberdade de decidir a nossa própria trajetória e para maximizar o nosso valor, seja qual for a direção que escolhermos.

Se você se dedica a estabelecer e fortalecer conexões, não há apenas uma maneira de fazer esse trabalho.

A partir de agora, seu objetivo é o mesmo de quem toma as decisões no mercado de ações e de quem é responsável por maximizar os lucros? Você define seu trabalho pela quantidade de dinheiro que ganha ou de coisas que consegue comprar? Os reality shows nos oferecem o sonho da fama em troca da nossa dignidade. Os fashionistas no colégio querem julgá-lo pela roupa, e os céticos acham importante saber se você fez uma faculdade famosa.

Pare com isso.

Não cabe a eles decidir o que é sua arte.

Quatro erros comuns que o ajudam a se esconder

Ser ocupado é sinônimo de ser corajoso.

Um mentor vai mudar a sua vida.

O próximo passo é esperar para ser escolhido.

Existe um segredo, e você logo vai descobrir.

Pare de fingir que não é especial

De onde veio essa demarcação do que é especial e por que você acabou do lado errado?

Claro que você é especial. Você é capaz de fazer algo que ninguém jamais fez, de ver algo que ninguém jamais viu. Como não seria?

Mas dá para todo mundo ser especial? O cético diz que, quando todo mundo é especial, aí ninguém é.

Não, o rótulo não é uma descrição precisa sobre quem você é (ou não). O rótulo de "especial" descreve o que você faz, não quem você é. Cada um de nós é especial do seu jeito, a partir do momento em que escolhemos ser.

E agora chega a resistência

O cérebro de lagarto, a voz empolgada e esquentada, que é rápida, porém burra, é responsável pelo medo, pelas ações súbitas, pela raiva e, em parte, pelo impulso sexual. Você iria querer que tudo isso estivesse funcionando bem ao torcer pela sobrevivência de indivíduos e espécies em um lugar perigoso.

Com o tempo, progredimos tanto que a maioria de nós não vive mais em lugares assim. Mas a amígdala ainda existe, ativada nos raros momentos em que precisamos – por exemplo, durante um assalto em um beco ou uma paquera em um bar para solteiros. Infelizmente, ela também é ativada sempre que estamos prestes a criar uma arte que valha a pena.

O brilhante autor Steven Pressfield deu um nome a esse fenômeno. Ele chama isso de resistência.

A resistência é o barulho confuso e raivoso na nossa cabeça, que surge sempre que nos arriscamos a ser criativos. É o bloqueio criativo e a procrastinação e, o mais insidioso de tudo, o instinto sutil de fazer um pouco menos, de aparar as arestas, de se encaixar, de se dar bem com os outros, de se tornar medíocre.

A voz da resistência tem um milhão de anos. Ela entende que a arte é perigosa, porque o deixa vulnerável, porque suscita críticas, porque a sua arte não é para qualquer um.

Lá no distante passado pré-diluviano, a crítica era de fato perigosa. O diferente era notado... E, muito raramente, de uma maneira positiva.

Hoje, porém, como vimos, a arte é a nossa melhor (e às vezes a única) alternativa de sucesso. E ela vem com uma emoção naturalmente limitante: a resistência que quer interrompê-la.

Quando você reclama comigo que sente resistência, não sinto pena. Fico radiante. Fico, sim, porque a resistência não é como uma torção no tornozelo ou algum outro mal que procuramos evitar durante um exercício. A resistência é o fantasma da arte. Quando não há arte, não há resistência.

Yves Klein surpreendeu o mundo da arte de vanguarda com uma foto manipulada (veja na página 159) em que ele está em uma pequena rua de Paris.

Já contemplei essa imagem mil vezes e até tentei conseguir os direitos dela para que estivesse na capa deste livro. Observe o lado para o qual Klein está olhando. Não é uma tentativa de se ferir. É um homem confortável com o vazio, ansioso para ver o que vai descobrir. Ele não acreditou numa propaganda enganosa sobre Ícaro. Tem um lugar ao qual quer ir, e se isso significar enfrentar o abismo para chegar lá, tudo bem, ele topa.

Lógico que você sente resistência. Isso é bom, é um sinal de que está perto de fazer algo importante. Sem sombra de dúvida, você está sentindo isso.

A verdadeira questão é: O que vai fazer a respeito da resistência?

VERGONHA, VULNERABILIDADE E FICAR NU

Não existe guerra da arte

Steven Pressfield publicou um livro essencial sobre a resistência: *A guerra da arte*. Esse título é um ponto de discordância que nós dois temos.

A resistência não pode ser combatida de maneira produtiva até a morte. Não pode haver guerra contra a resistência porque você não tem como vencê-la, e começar uma guerra impossível de ser vencida é tolice.

Assim que percebi que o suor frio, as palpitações, a protelação astuciosa, a insegurança e o medo eram parte do fazer artístico, fui capaz de relaxar para criar o meu trabalho. Não é nem sequer um cessar-fogo. É uma parceria, não uma guerra.

Quando a resistência surge, sei que estou ganhando. Não a luta contra ela, mas a luta para fazer arte.

Ótimo, ela chegou

A resistência é um sinal de que você está no caminho certo. *A resistência não é algo a ser evitado; é algo a se buscar.*

Essa é a frase mais importante deste livro.

O artista busca o sentimento de resistência e tenta maximizá-lo.

Já a peça na engrenagem, o trabalhador por diária, o aluno obediente buscam eliminar esse sentimento.

Eis a escolha.

Mude de ideia agora, não deixe para depois. Se decidir que vai ver melhor, fazer melhor e, acima de tudo, ousar transformar sua tábula rasa em algo assustador, é aí que você começará a viver uma vida de artista. E o companheiro diário do artista é a gritaria do cérebro de lagarto.

Se isso desaparecer, você terá de mudar seu trabalho até voltar.

> A resistência faz com que você se recuse a acreditar que ela existe.

O ceticismo que sente sobre o impacto do cérebro de lagarto na sua arte é um efeito colateral natural da capacidade da amígdala de se proteger. Se o lobo frontal não perceber que você está sendo sabotado, é menos provável que faça o trabalho difícil de colocá-lo em risco.

Mude de ideia

Artistas fracassam, e isso significa que, às vezes, você precisa mudar de ideia sobre qual seria o melhor caminho. Essa é uma das razões pelas quais o fracasso é um anátema – ele significa que precisamos mudar de ideia.

Quando trabalhamos com um consultor, um terapeuta ou um coach, o maior problema nem é não sabermos o que fazer. É que não queremos mudar de mentalidade.

Isso é uma habilidade, um atributo de quem tem sucesso e é feliz. Se você precisa da ajuda de um profissional, isso é ótimo, mas deixe claro para si mesmo que o objetivo não é encontrar um caminho melhor; é encontrar a coragem para mudar de ideia.

Divertido, fácil e confiável

Essas três coisas parecem bons atributos para uma carreira profissional. Os industrialistas que lhe venderam a propaganda sobre Ícaro e sobre se encaixar e conseguir um "bom" emprego nos oferecem todas elas.

A arte não oferece nenhuma delas.

Embora existam momentos de diversão, a parte mais importante do dia é quando o artista fica cara a cara com a resistência. A arte de verdade não é fácil de criar; é a coisa mais difícil do mundo e por isso é tão rara. Quando chegamos à parte difícil, a que importa, é bem mais divertido e menos exaustivo parar e encerrar o dia.

E é confiável? Voar muito perto do sol tem riscos significativos, e eles aparecem o tempo todo.

Como é ouvir um "sim"?

Meu colega Steve Dennis foi responsável pela inovação e pela estratégia em duas empresas listadas entre as 500 da *Fortune*. Ele afirma:

> Na maioria das vezes, quando vamos com a equipe até o CEO ou ao conselho para pedir apoio para avançar em um projeto, recebemos um "não". Às vezes, entendemos o motivo da recusa e saímos de lá com um feedback claro e um roteiro de como seguir em frente. Outras, o feedback pode ser resumido da seguinte forma: "Agora não é o momento" ou "sabemos quando a ideia é boa".
>
> Só porque você ascendeu a uma posição de liderança sênior não significa necessariamente que tenha mais facilidade de superar o medo. Para ser franco, é muito mais fácil dizer "não" a um novo empreendimento do que correr o risco de estar errado ou parecer tolo.
>
> Como líderes, podemos fazer mais do que sempre adotar a posição menos arriscada, do que deixar o cérebro de lagarto vencer. Se vamos dizer "não", precisamos saber como é um "sim". E precisamos ser capazes de comunicar isso a quem lideramos.
>
> E, quando eles conseguem solucionar as nossas preocupações e dúvidas, então lhes devemos aquele "sim".

É preciso coragem para dizer sim, e a sua equipe merece que você seja claro e consistente sobre o que merece um "sim". Seu trabalho é usar a sua coragem, sem escondê-la.

Ninguém sabe de tudo

William Goldman disse isso sobre a indústria do cinema, mas também é verdade sobre o seu negócio.

Os livros infantis são um ótimo exemplo. Todos os pais acham que já poderiam escrever pelo menos um livro para crianças – teria como ser tão difícil assim? Você só precisa seguir o modelo e ser escolhido por um editor.

Mas é difícil, *sim*. Afinal, todo livro infantil de sucesso é uma descoberta. Cada livro que dá certo quebra as regras dos que vieram antes dele; cada um é uma surpresa para quem o encontra pela primeira vez.

Você precisa estudar a fundo o saber já estabelecido. Não para obedecer às regras, mas para quebrá-las.

Definir o seu público

"Só porque você fez uma arte não significa que nos importamos."

Essa é uma das muitas decepções da arte. Você se esforça, se sacrifica e se expõe e ainda assim escuta: "Talvez alguém se importe, nós não".

A rejeição diz algo sobre o crítico, mas não sobre você. Talvez isso signifique que tenha escolhido o público errado. E sim, quem sabe, caso tenha esgotado todas as possibilidades de público, talvez signifique que precisa aprimorar a sua arte.

Estou numa corda bamba aqui, eu bem sei. O que estou sugerindo é que as massas não são o seu público; um segmento esquisito da população que é. Mas, ao mesmo tempo, só porque você se acha brilhante ou porque se sacrificou ou encarou o cérebro de lagarto, isso não garante que tenha feito algo bom. É raro o seu esforço estar relacionado com a importância que o público dá.

Nesse caso, é difícil mesmo passar pelo fundo da agulha. A charada é encontrar uma ideia, um produto ou uma interação que toque a pessoa certa, do jeito certo, no momento certo.

A economia de conexão permite acessar, de novas maneiras, mais pessoas do que jamais foi possível. Você define o cenário e para quem se destina a interação (até certo ponto), além de escolher o resultado que almeja.

Todas essas escolhas lhe dão uma vantagem, mas também aumentam o nível de exigência. "Isso é o melhor que você pode fazer?"

Essa pergunta assusta, mas, por conta das ferramentas que você recebeu, ela é justa.

A enganação o faz comprar a massificação

É claro, você aprendeu que as massas são tudo que importa, que os críticos são inteligentes, que você não tem direito (nenhum) de fazer algo fora do convencional. A própria natureza dessa expressão – "fora do convencional" – traz vários julgamentos de valor embutidos.

Mais aplausos é sempre melhor. É melhor estar na TV, em uma rede nacional, ser famoso. Se você insistir em começar algo, é melhor que seja bem financiado, e melhor ainda se for bem financiado por alguém de quem já ouvimos falar. Melhor ter um emprego reconhecido, um currículo exemplar e a aprovação de todas as pessoas que importam. E elas são importantes porque as massas reverenciam seu poder, riqueza e autoridade.

Esse sistema, é claro, foi inventado por quem está no poder. Ele existe para mantê-los no poder, e não para encorajar você a fazer a arte de que é capaz.

Viciado na opinião das pessoas

Eu tinha um vício em relação às opiniões das pessoas sobre mim. Quando alguém diz: "Não gosto desse cara", quero sentar e conversar com a pessoa para ter certeza de que ela não me entendeu mal. Às vezes, dá para reverter a situação. Então fazia bastante sentido que eu ampliasse isso para um milhão de pessoas. Assim que eu acertava as contas, caía de novo no vício. O que eu não percebia é que uma das melhores coisas que podemos fazer é nos afastar. Hoje sei de algo que gostaria de ter aprendido há muito tempo: *preciso deixar que as pessoas não me respeitem.*

John Mayer, *Rolling Stone,* **2012**

Você pode escolher como público todas as pessoas, o universo, toda a humanidade. E não vai conseguir agradar todo mundo. Pode decidir agradar os leitores das revistas *Us, Rolling Stone, Time, National Enquirer* e *Playboy*. Pode transmitir seu programa para a internet inteira, se quiser.

E um número considerável de pessoas vai destruí-lo. Muitas delas vão querer que a obra cresça ou diminua, alargue ou afine, seja mais barata ou mais cara, acelere ou desacelere. A única escolha que você tem se quiser seguir em frente é ignorar quem não entende a piada. Parte do seu trabalho mais pesado é passar longe dos descrentes e se concentrar no público que escolheu. Os grandes comerciantes e os industrialistas precisam de todos. Você não precisa. Basta ser importante para algumas pessoas.

O vício perigoso é continuar expandindo o público até nos depararmos com gente que odeia o nosso trabalho.

E então o nosso reflexo é ouvir essas pessoas, os *haters*, e deixar de lado quem buscamos de fato servir.

A LIÇÃO DE ÍCARO

Ansiedade sobre o desempenho

É tolo e contraproducente se preocupar enquanto o chefe lê seu relatório ou o público entra para ouvir o seu concerto. O trabalho já está feito.

Pegue o que você precisa e deixe o resto para lá. Apenas tome cuidado para entender o que você precisa exatamente.

A reação deles não é sua; pertence a eles. A arte é sua.

PARTE CINCO

Para fazer arte, pense como um artista. Para se conectar, seja humano

"Faça boa arte"

"Faça boa arte" é a prescrição de Neil Gaiman para todas as suas aflições. Se o mercado de trabalho for desfavorável, se o chefe o desrespeitar, se o mundo não o entender – faça boa arte.

Caso não esteja dando certo, faça uma arte melhor.

Se não sabe como fazer isso, aprenda.

Se as pessoas ao seu redor estiverem sabotando a sua arte, ignore-as. Se seu chefe impedir a sua arte, faça uma arte diferente. Se isso acontecer de novo, assuma a responsabilidade e faça uma arte diferente. Continue fazendo até que ela se desenvolva ou você seja demitido, o que acontecer primeiro.

E aí produza mais arte.

No começo, a sua arte será acanhada. Talvez não se baseie em uma percepção ampla do mundo, porque o cérebro de lagarto vai embaçar a sua visão para se proteger.

Mas, a cada dia, a cada projeto, você pode treinar a si mesmo para distribuir. Comece com pouco. Em seguida, distribua uma arte mediana. Depois, distribua uma arte que mude o mundo e seja assustadora, arrebatadora.

Os três fundamentos da arte

O autor James Elkins escreveu sobre os três componentes necessários para se tornar um artista: ver, fazer e a tábula rasa.

Primeiro, os alunos precisam aprender a ver. Eles têm que enxergar o mundo como ele é, sem rótulos, sem saber o nome do que veem.

Em segundo lugar, aprendem a fazer. Como usar as mãos, a voz ou o corpo para pegar o que veem e reverberar de volta para o mundo.

Na última etapa, a mais difícil, o artista começa com uma folha em branco. A arte não pode ser repetida, ela deve ser algo feito pela primeira vez – e essa primeira pincelada, essas primeiras palavras são a origem do nosso medo. Como não ficarmos vulneráveis quando o trabalho é nosso, e não de outra pessoa?

Steve Martin adotou as três etapas. Ao longo de décadas atrás do balcão mágico da Disneylândia e no palco da Knott's Berry Farm, viajando de um clube a outro, Martin *viu* como os espectadores na plateia interagiam uns com os outros, com o local e com ele.

Ele *fez*. Manteve um diário de forma obsessiva. Testou, mensurou e repetiu. Durante muito tempo, era normal fazer três shows por noite, centenas de shows a cada ano.

Sobretudo, ele se dedicou à página em branco, de maneira incansável. Era tão raro ele trapacear que, em sua autobiografia, descreveu todas as vezes que copiou uma frase de um mentor – sempre com a permissão deles.

Não pense! Pensar é inimigo da criatividade. Pensar nos inibe, e qualquer coisa que faça isso é péssima. Você não deve experimentar fazer as coisas. Deve simplesmente fazê-las.

Ray Bradbury

O restante do seu ato e do seu trabalho era decididamente original. A rotina de Martin parece óbvia agora, até mesmo trivial, mas, quando ele a criou, era corajosa e nova.

Primeiro, aprenda a ver

Os preconceitos e o medo conspiram para tornar mais difícil ver o mundo como ele é.

Os budistas chamam isso de *prajna* – aceitar a realidade conforme ela ocorre em vez de interpretá-la como parte da nossa narrativa incessante. Duke Stump insiste para que você "acalme a sua inteligência". O segredo não é inventar uma interpretação dos acontecimentos para manter a sua visão de mundo; é aceitar o que acontece sem parar para interpretar pelo seu próprio viés.

Fred Wilson é um dos capitalistas de risco mais bem-sucedidos precisamente pela capacidade de ver. Ele viu que o Delicious, o Twitter e dezenas de outras empresas tinham potencial comercial. Clive Davis foi o gênio que descobriu ou promoveu artistas e bandas como Whitney Houston, Patti Smith, os Outlaws, Dionne Warwick, Aretha Franklin, Carly Simon, os Grateful Dead, os Kinks e Lou Reed. Nem sempre ele produzia ou vendia os discos. Ele via (e ouvia) o potencial dos músicos em volta dele.

A capacidade de ver o mercado, a tecnologia e o talento como eles são, em vez de como gostaria que fosse (ou teme que seja), é uma das habilidades secretas do criador bem-sucedido.

Alan Webber e Bill Taylor estavam entre as dezenas de editores talentosos que trabalharam para a *Harvard Business Review*, mas foram os únicos focados a ponto de ver a revolução empresarial que narraram na *Fast Company*, uma das revistas mais importantes (e lucrativas) já publicadas.

É uma questão de prática. Mas o tipo certo de prática. Faça previsões com base no que vê. Anote-as. "Alguém vai inventar um aplicativo para as pessoas compartilharem fotos." "A abertura de capital do Yelp será um grande sucesso." "O novo funcionário vai atingir todas as metas de vendas dele em dois meses."

Depois de ler apenas duas edições da *Fast Company*, de repente alguns de nós conseguiram enxergar bem a economia e o futuro. Sendo que Alan e Bill viram primeiro e explicaram tudo para nós.

Quando está errado, seu instinto é culpar o universo, não a sua visão de mundo. Poucas vezes desejamos abrir mão do nosso referencial de como as coisas funcionam ou questionar as nossas suposições. Em vez disso, protestamos contra o destino ou atribuímos tudo a um ruído aleatório. Mas todo erro de julgamento é uma chance de repensar e aprimorar a capacidade de perceber as necessidades latentes do mercado, as forças em jogo nos casos de sucesso e de fracasso.

Observe

Cada vez que entro em uma livraria, observo algumas coisas. Reparo a tipografia. Os preços. A espessura dos livros e os tipos de capa. Observo onde estão os vendedores e a inteligência deles. Noto o cara no sofá, sem comprar nada, mas lendo um monte de coisas. O que ele está lendo? Presto atenção nas conversas, ouço o que as pessoas estão buscando e o que os vendedores recomendam.

Paco Underhill transformou o ato de observar em arte. A empresa dele, a Envirosell, monitora dezenas de milhares de horas de filmagens silenciosas das câmeras de segurança em lojas de varejo, a fim de observar como as pessoas compram. As mulheres, por exemplo, não gostam que outro cliente esbarre nelas enquanto olham as prateleiras. Então Paco convenceu um cliente a aumentar a largura dos corredores (ah, não, menos espaço para os produtos!) para acabar com esse inconveniente. Qual foi o resultado? A receita aumentou, embora houvesse menos itens à venda.

Woody Guthrie foi o cantor folk mais importante do século 20. Mas, antes de realizar esse feito, visitou quarenta e cinco estados, aprendeu centenas de canções e mergulhou na cultura nativa e dos imigrantes. Sem essa base, ele jamais teria as ferramentas para criar a sua arte.

A parte difícil de ver é deixar de lado o que você tem certeza de que já sabe. Bem no começo da internet, eu já era um "expert". Criei promoções on-line bem-sucedidas e as divulguei no Prodigy, na AOL e no CompuServe. Portanto, eu sabia do que estava falando. Ou pelo menos era isso que eu pensava.

Ao navegar pela internet em 1993, eu não vi. Só conseguia entender que a rede era gratuita, lenta, desajeitada e descentralizada, e mais nada. Tinha certeza de que não iria funcionar. Cada proeza boba que via on-line reforçava meu ceticismo e, claro, ignorei os sucessos que contradiziam a minha visão de mundo.

Naquele ano, em vez de lançar um mecanismo de busca, um site de bate-papo ou um site de leilão on-line, escrevi um livro sobre coisas inteligentes disponíveis na rede. Faturei oitenta mil dólares. Já os criadores do Yahoo! fizeram um investimento semelhante ao meu e acabaram gerando cerca de oitenta bilhões de dólares (minha quantia multiplicada por um milhão), sendo que todos tínhamos acesso às mesmas informações.

Assim como todos tínhamos acesso aos mesmos recursos e à mesma tecnologia. A diferença é que David e Jerry viram algo que eu me recusei a ver, porque era inteligente demais para enxergar.

Você não consegue ver com precisão até abandonar a sua visão de mundo. Ela é incrivelmente útil na rotina diária – é o conjunto de suposições, tendências e crenças que você traz para as interações que tem com o mundo, e isso economiza muito tempo. Como não precisa chegar a novas conclusões após cada interação, fica mais fácil processar as informações já conhecidas e ser consistente.

Mas a sua visão de mundo, por sua própria natureza, o impede de ver o mundo como ele é.

Quem passa uma vida inteira observando as coisas, desenvolve a capacidade de ver o que os outros não conseguem.

O que você escolhe ver

Tenho um jogo chamado Shanghai no celular. Aparecem pecinhas tipo as de dominó, cada uma com um símbolo, e o objetivo é encontrar os pares até limpar o tabuleiro. Quando comecei a jogá-lo, no primeiro nível, levei uns dezesseis minutos para terminar.

Conforme eu praticava (ok, conforme perdia horas durante os voos demorados), meus tempos foram melhorando. Comecei a reconhecer os símbolos sem precisar nomeá-los. Deixei de falar: "Ah, certo, aqui está aquela coisa com duas letras *m*... Tem outra igual? Calma, olha aqui a espada vermelha!" Fiquei melhor em ver com atenção o tabuleiro do jogo e observar os padrões. Não demorou muito para que quase sempre conseguisse terminar em menos de oito minutos.

Embora não seja motivo de muito orgulho, para mim o que isso demonstra é que somos capazes de aprender a reconhecer padrões. Você não precisa nascer com isso; é algo que pode aprender.

E assim um profissional aprende a diferenciar entre um design de carro que vai vender e outro que não vai. E um policial aprende a reconhecer os sinais de comportamento que podem ocasionar problemas.

Até que eles param de fazer isso. Em algum momento, deixamos de ver padrões e começamos a buscar atalhos. Traçamos perfis por acreditar que nossos próprios atalhos estão corretos, e assim tudo ganha um nome.

Fazemos isso porque acelera as coisas, mas principalmente porque é mais seguro. Não precisamos nos arriscar experimentando coisas se pudermos apenas nos lembrar das experiências anteriores. Não apenas isso, mas se pré-processarmos como vamos reagir às coisas já rotuladas, não precisamos reconsiderar os nossos planos. "Sei como rebater esse tipo de arremesso" é muito semelhante a "não gosto desse tipo de pessoa". O primeiro caso nos ajuda a melhorar a média de acertos, enquanto o segundo estraga qualquer chance que temos de fazer uma conexão útil.

Ver é esquecer o nome da coisa que se vê

Pessoas de sucesso são boas em atribuir rótulos. Rotular com precisão pessoas, situações e ideias torna mais fácil processá-las com mais rapidez e alavancagem. Se você sabe a diferença entre uma cobra e um graveto, é bem menos provável que seja picado.

O problema é que, depois que os rótulos são aplicados, é impossível ver o que está por baixo. Quando o mundo muda, os rótulos perdem a validade e ficamos cegos para as oportunidades que se apresentam.

Os artistas aprendem a ver tudo de novo. Aprendem a renunciar aos rótulos e trazem o novo.

Arte é o ato de jogar uma luz na escuridão. Antes de acender a luz, você não tem ideia do que está prestes a ver e, uma vez que sabe o que vai ver, não está mais escuro.

Muitos tons de branco

Eis o que acontece quando o conhecimento especializado é usado para aprimorar a capacidade de ver:

> Olhe com atenção para a parede e, sem dúvida, verá que não tem apenas um tom de branco. Entra luz pela janela, de modo que o branco é mais brilhante naquele canto e vai se esvaindo em tons de cinza na direção oposta. Há colorações azuladas, esverdeadas e até arroxeadas. É um pouco mais difícil ver as transições pontuais, as sombras sutis criadas pela variedade de texturas, por conta do contraste forte entre a parede branca e a tábua preta.
>
> **Robert Irwin, artista conceitual**

A maioria de nós vê só uma parede branca, se é que chegamos a ver alguma coisa. Um pintor talentoso vê um arco-íris. E, paradoxalmente, um escritor de talento acha as palavras para rotular o arco-íris.

Os olhos não mentem...

Mas o cérebro, sim. O tempo todo. A nossa visão de mundo muda o que enxergamos e como interpretamos o que aprendemos e nos deixa cegos. E não vemos a nossa cegueira.

As pessoas mudam de opinião sobre moda, política ou comida dependendo de quem estão ouvindo ou de onde acham que veio determinada ideia. O preço da garrafa de vinho impacta de forma direta a avaliação até mesmo dos enólogos mais perspicazes.

O efeito placebo tem impacto para além da Medicina – *nós vemos as coisas nas quais acreditamos, e não o contrário.*

É raro vermos o mundo como ele é. Na maior parte do tempo, estamos tão ocupados categorizando, julgando e ignorando o que não podemos suportar que não vemos quase nada. Não vemos oportunidades. Ficamos incapazes de ver a dor. E, sobretudo, nos recusamos a ver o perigo de não fazer nada.

Se você não consegue ver, nunca fará arte com sucesso.

Pergunte a um colega

Se uma obra de arte no mercado contribui para mudar as coisas e você não sabe por quê, peça a um colega para lhe explicar isso. Se as pessoas estão ouvindo, assistindo ou comprando algo e você não entende a razão, pergunte. Se um post em um blog, um romance ou uma estratégia não fizer sentido para você, pergunte a alguém que entenda.

Aprenda a ver através dos olhos de pessoas assim.

Por que essa marca vende mais do que a outra? Por que adotamos essa política? O que há de errado nessa interface? Isso não deveria custar menos?

Se não tem um colega para perguntar, arranje um. Se ele não for tão inteligente quanto você, ensine-o até que seja.

O objetivo não é adotar um novo pacote de regras ou memorizar mais rótulos. É ter tantas regras e tantos rótulos e estar ciente de tantas visões de mundo que tudo isso cria um turbilhão e permite que você recupere a sua ingenuidade.

Ser ingênuo é abandonar a sua visão de mundo, conquistada com muito suor. Significa ver o mundo sem preconceitos e aceitá-lo como ele é, e não como você espera que seja.

Em segundo lugar, aprenda a fazer

Todo mundo deveria aprender a programar.

Não porque temos uma enorme escassez de pessoas que podem produzir coisas em [insira aqui o nome da sua linguagem de programação favorita], mas porque aprender a fazer algo muda a forma como vemos as coisas. Depois que você aprende a montar tipos móveis, a tipografia ganha uma nova dimensão. Depois que aprende como montar um dispositivo eletrônico, todos os computadores se tornam um pouco menos misteriosos. Depois que aprende como fazer um discurso, começa a notar detalhes na apresentação de outras pessoas.

Ao aprender a fazer algo, você passa de espectador a participante, de alguém à mercê do sistema a alguém que ajuda a gerenciá-lo.

Aprender a fazer lhe dá coragem para fazer mais, para falhar com mais frequência, para aperfeiçoar a sua técnica.

Afastamos as crianças do fazer

As peças internas não podem ser reparadas pelo usuário.

Não colorir fora da linha.

Jogue videogame; está muito quente para brincar lá fora.

É mais barato comprar um novo do que consertar este e, de qualquer forma, não temos ferro de solda.

O que é ferro de solda?

Na economia industrial movida a espectadores, alguns faziam e o restante de nós assistia. Já na economia de conexão, passamos cada vez mais tempo consumindo o que os colegas fazem e depois dando meia-volta para fazer coisas para os amigos consumirem.

Se você tem medo de escrever, editar, montar ou desmontar, então é apenas um espectador. E está encurralado, preso pelas instruções daqueles que escolheu seguir. Vinte pessoas no campo, oitenta mil nas arquibancadas. Os espectadores são os que pagaram para assistir, mas são os jogadores em campo que estão vivos de verdade.

Três perguntas inúteis

De onde você tira as suas ideias?
Que tipo de software usa para escrever?
O que eu devo fazer agora?

Não importam as respostas. Não mesmo. Não importam as ferramentas escolhidas, tampouco o método. Você não precisa de um guru; precisa de experiência, do melhor tipo de experiência: a repetição dos fracassos.

Você precisa de bom gosto para ver o seu próprio trabalho pelo que ele é. Para desenvolver isso, não basta apenas imitar os artistas que vieram antes de você, mas é preciso errar e experimentar várias vezes para descobrir o que funciona e o que não funciona.

E então você bombardeia

John Carter: entre dois mundos é um filme horroroso, como boa parte dos espectadores pode constatar após assistir ao primeiro minuto. É tão ruim que deu prejuízo aos estúdios Disney, responsáveis pela produção.

Já na Rússia, bateu recorde de bilheteria. Se o objetivo fosse alcançar o público russo, não teria sido nada mau.

Como será que Andrew Stanton, diretor magnífico de filmes como *Procurando Nemo*, errou tão feio dessa vez?

Não é que ele não saiba fazer filmes ou não tenha tido apoio. O problema é que ele não viu o filme do mesmo jeito que a maioria dos espectadores norte-americanos. Acontece que Andrew Stanton vê filmes *live-action* como os russos e, em meio ao furor artístico e à dedicação ao projeto, rejeitou a opinião de colegas de estúdio que viram o que ele se recusava a ver.

Essa é uma lição cara para ser aprendida com um filme que custou cerca de duzentos e cinquenta milhões de dólares para ser produzido, mas o ensinamento serve para qualquer um que deseje fazer arte. Vemos, fazemos e depois repetimos.

Conhecimento especializado

Esta piada tem graça?

>Heisenberg olha ao redor do bar e diz: "Como estamos nós três aqui, em um bar, isso aqui deve ser uma piada. Então fica a pergunta: ela tem graça ou não tem?"
>Gödel pensa por um segundo e responde: "Bom, como fazemos parte da piada, não temos como saber. Teríamos que estar ouvindo de fora".
>Chomsky olha para os dois e comenta: "Claro que tem graça. Vocês só não estão sabendo contá-la".

Só dá para julgarmos se essa piada tem graça quando temos uma mínima noção de quem são esses três homens sentados no bar. O conhecimento especializado pode nos encher de expectativas, sedimentar a nossa visão de mundo e fazer com que seja mais difícil ver o mundo como ele é. Mas também pode preencher as lacunas e nos ajudar a entender como uma coisa funciona e a acumular conhecimento sobre como melhorá-la.

Você nunca encontrou ninguém que saiba mais sobre a história da música norte-americana do que Bob Dylan. Fred Wilson consegue detalhar milhares de investimentos de risco bem-sucedidos. Eileen Fisher olha para uma roupa e, na mesma hora, sabe dizer em quem ela é inspirada. Esse conhecimento não é o efeito colateral de fazer um trabalho importante para uma geração. É uma base fundamental que possibilita fazer um trabalho importante. Quando se trata de filmes de animação, o saber especializado de Andrew Stanton é de primeira linha. Mas lhe custou caro a certeza de ter um ótimo gosto para filmes de *live-action*.

Por favor, entenda uma coisa sobre esse meu exemplo: muitos estudiosos sabem tudo sobre Chomsky ou Gödel, mas sempre evitaram a tarefa árdua de produzir arte. Conhecimento não é suficiente. É necessário, mas não é suficiente.

Por fim, aprenda a aceitar a folha em branco

Antes de mais nada, o consultor quer saber: "Qual é o seu orçamento?".

A segunda pergunta que faz é esta: "O que você acha que deveria fazer?".

Talvez seja uma boa maneira de fechar uma venda para uma organização que já sabe o que quer. Mas não necessariamente para iniciar uma conversa que gere um crescimento real e significativo.

A folha em branco é um requisito da arte original. Se você apenas recauchutar o que veio antes, se me oferecer um cachorro-quente igual ao de ontem, a mesma mala direta da semana passada, o mecanismo de busca que já usei no mês passado, então nada de extraordinário aconteceu e nenhuma conexão foi feita.

É óbvio que a forma e as fronteiras não mudam a todo instante. Ninguém quer que o bar da esquina vire uma pista de boliche amanhã e um clube de *striptease* no dia seguinte. A arte aceita as fronteiras como um impulso para chegar no limite.

Mas produzir um trabalho que é um desdobramento previsível não é fazer arte. Você se contentou com uma evasiva, algo seguro, que dá para negar.

Pode apontar para o que veio primeiro e culpar o responsável por isso, porque, afinal, tudo que você fez foi um eco.

O difícil é tomar um posicionamento, de um jeito novo. Pela primeira vez.

As duas aulas que deveriam ser obrigatórias para quem quer fazer arte

Apenas duas aulas.
Como ver
e
Como criar coragem para fazer um trabalho importante
Todo o resto vai se resolver por si só.

A frustração de quem está empacado e não consegue desenvolver seu potencial está relacionada a uma coisa ou à outra, ou a ambas.

Nessa situação, a pessoa não vê o mundo como ele é, nem as oportunidades, as maneiras que tem de ajudar... Ou talvez veja, mas fica paralisada pelo medo, incapaz de vencer a resistência e fazer algo a respeito disso.

Não que eu esteja sugerindo que você veja o mundo do mesmo modo que *eu*. Cada um de nós vê o mundo de um jeito único, e não existe um padrão, nem uma resposta certa. Mas se a sua narrativa, a sua análise e a sua reação ao mundo por vir não estão lhe dando o *insight* para realizar com sucesso o trabalho que você gostaria de fazer, é quase certo que a culpa não é do mundo. Se a sua visão de mundo não leva a nada além de frustração, você provavelmente definiu mal a zona de segurança, e não há intransigência da sua parte que vá mudar a realidade.

Ver "o mundo como ele é" é uma ferramenta prática do artista de sucesso. Quando o seu trabalho não gera repercussão positiva, quando você sente que errou o alvo, talvez seja um erro de interpretação. Mudar a maneira como vê e as suposições que leva para o público é o atalho para melhorar a sua arte.

Intencionalmente desinformado

Uma combinação triste que vejo com frequência é uma pessoa que abre mão do controle à espera de ser escolhida, enquanto cede à resistência e se recusa a entender como a área dela funciona. Sem conhecimento especializado, sem compreender as realidades e pontos de vista de todos os agentes envolvidos, o artista se torna, de forma voluntária, um peão indefeso.

Além de não ser escolhido, você tampouco terá a possibilidade de escolher a si mesmo se não entender como o sistema funciona. É muito mais fácil reclamar dos donos do poder injustos e dos hipócritas sem ética do que mergulhar na dinâmica de como as coisas de fato são feitas e vendidas.

O escritor nunca publicado, o roteirista sem projetos, o candidato desmotivado à procura de emprego. Pode ser que essas pessoas sejam uma minoria. Porém, talvez estejam disputando um jogo que não conseguirão ganhar. Elas não entendem o jargão; estão fora de sincronia com o que está sendo comprado, com o que está na moda, com as necessidades do público que tem o poder de selecioná-las.

E se a sua arte não gerar a conexão que você busca...

Melhore a sua arte.

Veja com mais precisão.

Faça com mais precisão.

Tenha mais coragem para achar a sua tela em branco.

E, se nada disso funcionar, mude o local. Encontre um novo palco para se apresentar.

Só não questione o seu compromisso. Não se apegue ao resultado. Não dê ouvidos ao crítico que dá uma opinião generalizante.

Melhore a sua arte.

Você pode arriscar estar errado ou pode ser um tédio.

O que significa abrir mão do resultado?

Como poderíamos ser profissionais e, ao mesmo tempo, não nos importarmos com o próximo passo?

Podemos aprender a aceitar os aplausos sem fazer o trabalho porque já os *esperávamos*?

Quando desiste de ser dono do que faz para deixar que um desconhecido, um crítico ou as massas o julguem, você já se afastou da sua humanidade.

Pior ainda, você deturpa o resultado que fixou como meta porque trabalhar nessa expectativa na verdade atrapalha a sua obra.

Você pode fazer o seu trabalho de olho no retrovisor, na tentativa de recriar o que já fez sucesso mercadológico. Isso é visto como um jeito fácil de obter aceitação e evitar críticas. Afinal, se você só fizer o que já foi feito, como poderia ser culpado por alguma coisa?

Contudo, a economia de conexão não se preocupa em perceber o que é repetitivo ou enfadonho. Não vai perder tempo lidando com o banal, nem para analisá-lo.

Quase tão inútil é passar o dia todo imaginando como o seu melhor trabalho se alinha com o que a multidão vai querer no futuro. O futuro é imprevisível, e, se você apostar tudo para criar uma conexão perfeita entre a sua ideia e algo que desconhecemos, provavelmente não vai realizar grandes coisas. É bem difícil se comprometer quando conta quase 100% com algo que não pode garantir. Mais uma vez, seguir esse caminho tem um resultado irônico: trabalho não será o que você espera.

O artista logo percebe que a única voz que vale a pena adotar é a da musa. Conheça a sua área, é claro. Adquira um conhecimento especializado excepcional. Tenha empatia pelos clientes e seja bastante cuidadoso quanto ao impacto do seu trabalho para eles. Isso tudo, com certeza. Mas...

Mas faça o que você iria fazer. Não por esperar ou depender do aplauso dos outros, nem por estar totalmente apegado aos resultados.

Não, faça por já ter se comprometido. O compromisso funciona porque você pode ter certeza da sua intenção, das suas habilidades e da sua compaixão por quem vai encontrar a sua obra.

Somente quando faz arte que não é para todo mundo, você tem a chance de se conectar com alguém. Quando isso acontece, é surpreendente que você aumente a chance de ter feito algo que muitos vão querer.

Quando não é bom o suficiente

Talvez *Beat This!* (Ganhe destas!) seja o melhor livro de receitas que já li. É difícil encontrá-lo, pois a edição está esgotada. São receitas fantásticas, bem divertidas. Tudo o que amamos em um livro de receitas. Mesmo assim, não vendeu um milhão de cópias e não foi o sucesso comercial que poderia ter sido.

Então, não é bom o suficiente?

Os artistas precisam pensar muito bem antes de classificar um trabalho como "malsucedido", "ruim" ou mesmo "ótimo". Justin Bieber é um ótimo músico? Acho que depende da medida a ser utilizada. Sem dúvida nenhuma, se formos considerar os sucessos da música pop, ele é muito melhor do que Jill Sobule ou Dale Henderson.

O perigo é usar a régua de outra pessoa para medir a sua arte.

Caso você não esteja alcançando os resultados almejados, ou a sua definição do que é bom está errada, ou a sua arte não é tão boa quanto pensa que é. Ou quem sabe só não tenha dado sorte dessa vez.

Então aprenda a ver ainda melhor.

Melhore a sua arte ainda mais.

E faça de novo.

As interações que você estabelece fazem parte da sua arte

Há pouco tempo, passei por uma cirurgia desnecessária nas mãos de um médico que pode ter sido bom ou não com o bisturi ou com qualquer ferramenta atroz que tenha usado. O certo é que, após a operação, ele jogou fora todas as chances de criar plenamente o impacto do qual era capaz.

Me disseram que ele foi me ver para falar sobre os resultados do procedimento. Lamentavelmente, decidiu fazer isso enquanto eu ainda estava sob efeito da anestesia e depois não se preocupou em telefonar para saber da minha recuperação. Os dias se passaram, e nada do médico me ligar.

Isso não é tão incomum para cirurgiões de uma certa geração, pois acreditam que o trabalho deles é realizar a cirurgia, e não fazer as pessoas melhorarem.

Talvez uma ligação ou um e-mail do médico não ajude o paciente com a dor física, mas pode fornecer informações, consolo ou apenas um lembrete de que tudo está indo conforme o planejado. Isso mudaria a cirurgia em si? Claro que não. Mudaria o resultado dessa cirurgia? Sem dúvida.

Para o industrialista, o produto é o produto, a transação é a transação. O risco é de quem compra. É seu, lide com isso.

Para o artista, para o ser humano que valoriza resultados e conexões, faz parte da arte se importar a ponto de ter o cuidado de telefonar.

Quando o balconista só faz o trabalho dele, o franqueado segue o manual ou o professor cumpre o acordo sindical à risca, eles já abdicaram da oportunidade de fazer arte. Lógico, o quarto de hotel ou a sala de aula custaram um bom dinheiro, mas o que conecta as pessoas e as transforma é o cuidado, o se importar.

Isso explica por que está faltando quem se importe

O artista se preocupa e assim se expande, criando novas interações para garantir uma mudança no destinatário e o estabelecimento de uma conexão...

Isso significa que o trabalhador industrial tem medo de se importar, porque fazer isso exige se posicionar e assumir a responsabilidade pelo trabalho. Para o trabalhador engajado, é impossível seguir instruções (nesse caso, o chefe seria o dono do resultado) e, ao mesmo tempo, se preocupar de forma genuína (aí o funcionário seria responsável pelo próximo passo).

Steve Martin não era engraçado

Como vimos, Martin era original, mas o comediante de *stand-up* mais bem-sucedido da geração dele – talvez de todos os tempos – não era particularmente engraçado. Esqueça todas as referências culturais e encare com um olhar novo o trabalho dele. Aí verá que não se trata de um comediante clássico. Ele era um não comediante. Foi mais influenciado por Sartre e Beckett do que por Groucho ou (Buddy) Hackett.

Martin encerrou a carreira de *stand-up* fazendo shows com ingressos esgotados para quarenta mil pessoas. Ele percebeu que era o líder de uma legião, não o provedor da diversão. A plateia já chegava achando graça. Adorava aplaudi-lo, terminar as falas, recitá-las antes dele.

O fato é que, dez anos antes de ser o comediante mais popular dos Estados Unidos, Martin era um fracasso comercial. Não raro, havia três ou quatro pessoas na plateia dos clubes onde se apresentava. Ele não conseguiu arranjar um contrato. Atravessava o país para fazer um show na Flórida, cem pessoas iam vê-lo, e ele ficava tão animado que reunia forças para continuar em frente mais um mês.

Quem se importa e toma uma atitude a respeito realiza uma obra de arte.

O que mudou não foi o show, mas o público.

O segredo do trabalho de Martin era a precisão. Ele se concentrou naquele trabalho de forma obsessiva. A arte não é apenas ousada. Nem sempre precisa de cores fortes e gestos hilariantes. Para Martin, poderia ser a maneira de erguer a mão em determinado momento ou de encerrar um ato.

Durante uma década, ele se dedicou a ser não cômico, a determinar até onde poderia ir seguindo numa direção. Somente ao aprimorar cada ato, ao apresentá-los com reverência para a plateia (mesmo que só tivesse três pessoas), ele foi capaz de fazer isso com precisão. Da mesma forma que Robert Irwin finalizava com cuidado o verso dos quadros – que ninguém veria –, Martin depositou seu esforço nas lacunas em branco, nos espaços mortos, nos intervalos.

E depois ele esperou com calma até o espírito da época conseguir compreendê-lo.

Artista por inteiro, o tempo inteiro

Esta é a parte surpreendente: as pessoas que criam arte são bastante normais no resto do tempo – se normal significar ser alguém comum, que tenta se encaixar e obedecer e chega a ser entediante. Steve Jobs usava todos os dias uma camiseta igual, da mesma cor, para não ter que pensar em moda (tinha trinta e cinco peças de gola alta idênticas). Andy Warhol passava horas ouvindo a mesma canção para reduzir a própria sensibilidade ao som. Os palestrantes das TED Talks, ocupados em fazer a diferença nas áreas que escolheram, às vezes têm uma opinião um tanto enfadonha sobre comida, política ou a próxima tendência.

O fato de as pessoas serem artistas em apenas um aspecto da vida delas é mais uma prova de que a arte não é algo nato. É um esforço, uma oportunidade de devotar emoção e uma energia imensa em uma direção específica. Significa que você se importa, e não que seja um solitário ou um lunático.

Como a arte é acompanhada de risco, dor e esforço, é improvável que invistamos nela em tudo o que fazemos. O artista despende inúmeros recursos para realizar arte, então é ingênuo acreditar que vai agir sempre assim, em todos os lugares.

O artista como *outsider*

Quando você pede a escritores de ficção científica bem-sucedidos que descrevam a própria infância, eles quase sempre contam a mesma história. Não eram compreendidos pelos pais nem pelos amigos e os professores em geral. Nenhum deles era o garoto mais popular, o representante da turma ou o rei do baile. Talvez houvesse uma professora encantadora ou uma tia especial que os tenha encorajado, mas geralmente o escritor passava um bom tempo sozinho, a desenhar, escrever, observar e sonhar.

E histórias semelhantes surgem quando conversamos com programadores, empreendedores, artistas gráficos e outras pessoas que causam alvoroço. Quando eram mais jovens, poderiam ter escolhido passar a vida tentando se encaixar. Após sentirem a dor de serem *outsiders*, eles poderiam ter se transformado para receber aceitação.

Mas não fizeram isso. Aqueles de quem ouvimos falar porque causaram impacto preferiram se destacar na vida a se encaixar. Eles se sentem confortáveis em fazer um trabalho que importa e estão dispostos a aceitar a dor causada pela resistência, tudo para distribuir as obras deles pelo mundo.

A ironia não me passou despercebida. Faz pouco tempo que a cultura e a economia incluíram quem faz e distribui arte, quem gera comoção. Uma nova sociedade foi estabelecida e, para fazer parte dela, primeiro você precisa estar disposto a ficar fora dela.

Engenharia e arte

A engenharia tem uma resposta certa. É um conjunto consistente de melhores práticas e provas verificáveis, que são repetidas diversas vezes até se encontrar a resposta.

A arte não tem uma resposta certa. A arte pode dar certo, sem dúvida, e pode fracassar. Ela abrange a intenção do artista e a recepção do público. E inclui um salto imprevisível.

É possível que você tenha um problema de engenharia. Se tiver, vá lá resolver.

Porém, se tiver um desafio artístico, pare de procurar a resposta certa.

Muitos avanços de engenharia começam como desafios artísticos. O artista vê o que ainda não foi visto ou tem a coragem de começar com uma página em branco. Após darem o salto artístico, os engenheiros podem se aprofundar para otimizar e implementar a ideia original. E, sim, mesmo que o seu cargo seja de "engenheiro", "gerente de mala direta" ou "operador de impressão tipográfica", também é possível (inclusive, é uma obrigação) ser artista.

Você já viu todas as suas apresentações

A única pessoa que viu todas as apresentações do Jerry Garcia foi ele próprio. Só uma pessoa viu todos os memorandos que você escreveu e esteve nas mesmas reuniões: você mesmo.

É muito fácil escolher os momentos em que você teve seus piores desempenhos e compará-los com o que a sua concorrência fez de melhor. Fácil, porém inútil.

Seu melhor trabalho é um dom. Claro que pode ser aprimorado, mas antes de mais nada é um dom. Ser generoso é mais importante do que ser perfeito.

O artista vê o mundo como ele é.

O artista conta uma história que repercute positivamente.

Bloqueio de discurso

Ninguém tem bloqueio de discurso. Ninguém acorda de manhã, descobre que não tem nada a dizer e fica quieto durante dias ou semanas até a inspiração surgir, até o momento certo chegar, até a loucura toda da vida acabar.

Então por que o bloqueio de escrita é uma epidemia?

O motivo de não termos um bloqueio de discurso é que temos o hábito de falar sem nos preocuparmos se o nosso papo furado sem nexo vai voltar ou não para nos assombrar. Falar é fácil. Falar é efêmero. Não é difícil negar o que se falou.

Falamos qualquer coisa e, então, em algum momento (ou de vez em quando), falamos algo inteligente. Nós aprendemos a falar cada vez melhor justamente porque falamos. Vemos o que funciona e o que não funciona e, se formos perspicazes, repetimos o que dá certo. Como alguém poderia ter bloqueio de discurso depois dessa prática toda?

Não é difícil curar o bloqueio de escrita.

Apenas escreva. Escreva mal. Continue a escrever mal e publique os textos, até conseguir aperfeiçoar a técnica.

Todo mundo deveria aprender a escrever e publicar. Crie um blog. Ou use o Squidoo, o Tumblr ou uma plataforma de microblog. Se quiser, invente um pseudônimo. Desative os comentários, sem dúvida – você não precisa de mais críticas; precisa de mais prática de escrita.

Faça isso todos os dias. Sem falta. Não é um diário, nem ficção, e sim uma análise. Escrita clara, decidida e honesta sobre o que você vê no mundo. Ou sobre o que quer ver. Ou ensinar (através da escrita). Nos ensine como fazer alguma coisa.

Se souber que precisa escrever todos os dias, mesmo que seja *um* parágrafo, a sua escrita vai melhorar. A resistência, é lógico, prefere que você não escreva nada, que não fale em público, que guarde tudo para si.

Se a sua única preocupação é evitar erros, então tudo bem não escrever, porque um total de zero equívocos é perfeito e sem defeitos. Não distribuir nada é seguro.

Felizmente, depois do zero, o que vem é algo que não chega a ser ruim. Caso você saiba que precisa escrever amanhã, seu cérebro vai começar a trabalhar em algo que não chega a ser ruim. E então é inevitável que você redefina o que considera ruim, e amanhã será melhor do que isso. E assim por diante.

Escreva como você fala. Várias vezes.

A verdadeira medida do seu trabalho

O industrialista tem apenas uma medida: ganhei dinheiro com isso?

Organize as massas. Peça dinheiro emprestado e depois gaste. Melhore a produtividade. Subjugue ou suborne a força de trabalho para se esforçar mais. Pressione para vencer.

Deu certo? Vendeu? Você foi eleito? Arrecadou mais dinheiro para a sua causa? Se tiver dado certo, você conquistou o sucesso e a dor valeu a pena.

A importância que o industrialista dá às coisas externas faz parte da Lição de Ícaro e corrompe a forma como medimos a nós mesmos, como julgamos se nossa vida foi bem vivida. Eu acumulei mais coisas? Meu bairro/carro/cônjuge/filho é tão bom e popular quanto poderia ser?

O artista não dá importância a nada disso. Um mecenas, uma venda ou um lucro inesperado são apenas uma chance de fazer mais arte.

Na economia de conexão, a verdadeira medida do seu trabalho é saber se emocionou outra pessoa. A generosidade e o *kamiwaza* que você leva para o processo fazem parte dele, e a capacidade de se desapegar do resultado lhe permite fazer mais isso.

"O que você fez e por que fez isso?" Essas perguntas são mais importantes do que esta: "Os críticos gostaram?"

Os industrialistas nos venderam um passo a passo rumo ao sucesso, com requisitos a seu favor ao longo do caminho e parâmetros externos óbvios para medir o progresso, desde notas escolares até salários e cargos.

O artista abre mão do benefício desses agrados superficiais e recebe em troca a paz de espírito de um trabalho bem executado.

O pior chefe do mundo

Vem a ser você mesmo.

Ainda que não seja autônomo, seu chefe é você mesmo. Você gerencia a sua carreira, o seu dia, as suas respostas. Administra como vende os seus serviços e a sua formação e a maneira como fala consigo mesmo.

A chance maior é que você esteja se saindo mal nisso.

Caso o seu gerente falasse com você desse seu jeito, você pediria demissão. Caso o seu chefe desperdiçasse tanto tempo quanto você, ele seria demitido. Caso uma organização treinasse os funcionários tão mal quanto você faz consigo mesmo, ela não iria durar muito tempo.

Fico surpreso com a frequência com que as pessoas optam pelo fracasso quando estão por conta própria ou quando vão parar em um daqueles raros empregos que as encorajam a definir prioridades e a se autogerenciar. Diante da liberdade de se destacarem, vacilam, hesitam, protelam e, por fim, fazem uma tentativa.

Ficamos surpresos quando alguém dono do próprio nariz entra em cena. Alguém que descobre uma maneira de fazer *home office* e depois transforma isso em uma jornada de dois anos, em que leva o laptop para trabalhar enquanto explora o mundo. Ficamos chocados com quem estuda à noite e nos fins de semana para obter um segundo diploma ou quem trabalha fora do expediente para lançar um negócio próprio. E sentimos inveja quando encontramos alguém que conquistou a própria felicidade sozinho, como se isso fosse raro ou mesmo desnecessário.

Antes de ter o pior chefe do mundo, é provável que você fosse o pior professor de todos. Não podemos mais contar com os outros para nos ensinar, principalmente se não temos mais dez anos. Não, o futuro pertence a indivíduos que decidem se tornar chefes (e professores) excelentes.

Condições de trabalho perigosas

Se você trabalha para o pior chefe do mundo, não pode culpar ninguém além de si mesmo.

Não teríamos nenhuma simpatia pelo maratonista que perdeu todas as corridas porque se recusou a treinar ou a se alongar.

Nunca iríamos a um médico que não se atualizasse ou não lesse publicações na área dele.

E, no entanto, é fácil passar o dia em um emprego se escondendo do trabalho de verdade, daquilo que você de fato é pago para realizar. É mais fácil culpar o bloqueio de escrita ou o fato de não estar com a cabeça boa ou precisar checar o Twitter.

Se o seu trabalho é fazer arte, então deve guardar energia e organizar tempo para isso. Desculpas não são bem-vindas; o trabalho (o seu trabalho) que cria conexões é tudo o que buscamos.

Contrate a si mesmo

Se você trabalha sozinho ou em uma empresa pequena e dinâmica, ou qualquer lugar com um pingo de bom senso, vai descobrir que pode contratar uma versão de si mesmo. Pode encontrar alguém que execute todas as tarefas da sua lista, provavelmente de um jeito melhor do que você. Separe a parte do seu trabalho que pode ser descrita em um manual e contrate alguém para fazê-la.

Por que você faria isso?

Porque então seria o chefe desse novo contratado.

O mais assustador é que, com isso, você precisa descobrir algo para fazer, pois não pode mais fazer o que estava habituado (afinal, acaba de contratar alguém para executar essas tarefas no seu lugar). Você seria posto contra a parede não apenas para encontrar algo, mas também para fazê-lo tão bem a ponto de receber mais do que está pagando para o seu contratado.

Você teria que fazer mais arte.

Você teria que gastar todo o seu tempo não apenas sonhando mais alto com um futuro melhor, mas também fazendo com que ele acontecesse. Se não tivesse que gastar seu tempo em reuniões e reagindo ao que acontece, ninguém estaria impedindo a sua capacidade de gerar valor, ideias e avanços.

As pessoas que têm uma influência maior não trabalham mais do que você. Elas contrataram gente para fazer isso. Pois é, essas pessoas com mais influência do que você fazem uma arte melhor.

Contrate seu chefe

Se não for contratar alguém para fazer as suas tarefas, a alternativa é contratar alguém para quem você possa trabalhar. Empreendedores costumam fazer isso quando levantam dinheiro com investidores de risco. Os investidores entram para o conselho; são eles que exigem resultados trimestrais e que vasculham planilhas e estratégias corporativas que receberão o aval deles.

Pintores fazem isso quando fecham contrato com uma galeria, em vez de venderem seu trabalho diretamente ao público. Músicos fazem isso quando cedem todos os direitos a uma gravadora (por uma quantia de que necessitam), em vez de suplicarem para controlar tudo.

Caso a sua arte envolva a textura da criação, o âmago da questão de fazer e distribuir, então, para todos os efeitos, essa é uma ótima estratégia. Em compensação, você vai abrir mão de grande parte da sua liberdade, sobretudo a de decidir que tipo de arte vai fazer.

Transformar sua arte em trabalho

Nossos instintos culturais não morrem facilmente. Com frequência, as pessoas que obtêm sucesso com um avanço ou com a criação de uma conexão trabalham duro para garantir que nunca mais terão que fazer isso.

Elas transformam um restaurante com uma proposta diferente em uma rede com cem filiais, de forma a assegurar que a inspiração e a inovação não sejam mais necessárias e que, para seguir em frente, o fundador só precise comparecer a reuniões.

Nosso medo de ter que repetir a ousadia, combinado com a capacidade do industrialista de despejar dinheiro à vista de maneira confiável, significa que aderimos a sequências, estruturas e sistemas. Em vez de buscar de modo agressivo a liberdade de ter sucesso ou fracassar na próxima empreitada, nós pedimos para cantar a mesma canção pop todas as noites, para usar o mesmo contrato padrão da última vez e para fazer de tudo para a versão 2.0 ser bem parecida com a 1.0.

Você não precisa desistir da sua arte para fazer as coisas acontecerem. Reconheça que produzir arte é algo imprevisível, com muitos altos e baixos, e às vezes doloroso, mas faça assim mesmo. Quanto menos trabalho você tiver que fazer, maior será a probabilidade de reunir coragem para fazer arte.

Transformar seu trabalho em arte

Por outro lado, quem tem um emprego possui o privilégio de transformar suas tarefas em alguma forma de arte. Se você transformar seu trabalho em uma plataforma para a arte, vai aproveitar a confiança, a educação e os conhecimentos que recebeu e fazer um bom uso disso.

Não, não dá para chegar no escritório do seu chefe e exigir que ele assine um cheque em branco para você usar seu tempo e exercer autoridade como bem entender. O que você pode fazer é assumir a responsabilidade. Pode fazer conexões pequenas, tentar experimentos reduzidos, cometer alguns erros e se responsabilizar pelos resultados. Pode relatar de forma honesta e clara o que está aprendendo e fazendo e, em seguida, fazer mais uma vez.

A maior parte do dia é gasta com atividades menores, com os deveres do trabalho – realizar tarefas administrativas e burocráticas, ir a reuniões, acertar, melhorar, reagir, responder.

É uma obrigação reservar tempo para o trabalho importante, a obra de arte. É o que o assusta, que traz risco, que pode muito bem dar errado.

E é mais provável que façamos esse trabalho quando menos se espera, quando os recursos são escassos, o prazo é apertado e há menos coisas em jogo.

Você não precisa esperar por uma autorização ou um raio de inspiração. O trabalho importante está disponível para ser executado assim que você decidir.

Contudo, você não consegue fazer logo de cara um trabalho importante com muita coisa em jogo. Consegue fazer isso primeiro em uma arena menor, sem ter muitos recursos nem autoridade. E, se persistir, aos poucos vai descobrir que consegue ter mais tempo para dedicar ao seu trabalho, que é a sua arte. Caso o seu empregador atual não o valorize, outra pessoa vai valorizar.

Roma me tem amor: detonando as fronteiras

Uma percepção equivocada sobre a arte é a de que ela abomina fronteiras. Para algumas pessoas, arte significa operar com total liberdade, sem qualquer regra ou consequência.

Isso é bobagem. Sem fronteiras, você não consegue fazer arte. A arte vive na beira desses limites.

Por exemplo, para uma frase ser um palíndromo, ela precisa ser lida do mesmo jeito nos dois sentidos. Este é bem conhecido: "Socorram-me, subi no ônibus em Marrocos!".

Se você forçasse a barra para criar palíndromos que não fossem perfeitos letra por letra, isso certamente mudaria o *status quo*, mas acho que não teria muita valia. Fazer palíndromos com defeito é fácil até demais.

É, eu sei que você consegue fazer um bom filme com vinte milhões de dólares, mas só temos cinco milhões. É, sei que sua loja venderia mais se fosse na avenida mais movimentada, mas lá não tem um espaço para alugar, aqui tem. E sei que ficaria melhor se você tivesse mais tempo, só que não, nós não temos.

Escolha quais regras vai quebrar e aceite o restante.

Artistas não querem ir a reuniões

Jason Fox afirmou: "A arte do compromisso é saber quando não se comprometer". Em outras palavras: "É melhor juntar o máximo de pessoas possível em uma sala. E depois ir para outro lugar".

A reunião é um encontro temporário de pessoas à espera de alguém que assuma a responsabilidade para que todos possam voltar ao trabalho. Se quiser que outra pessoa assuma a culpa e lhe dê o crédito, você vai esperar bastante.

O dilema da Juilliard

Para você ter uma ideia de como a Juilliard School, em Nova York, é pesada, há pouco tempo um violinista de renome mundial deu uma palestra lá e se apresentou para uma plateia de apenas quinze alunos; enquanto isso, todas as salas de ensaio estavam lotadas.

Os estudantes dessa escola têm mais vontade de praticar o que está escrito nas partituras do que de receber o treinamento de um mestre.

Isso porque o que lhes garantiu o ingresso na instituição famosa foi a habilidade de tocar a música conforme a partitura. Eles foram aprovados pela habilidade de tocar as notas, associada à disposição de seguir as instruções com rigor.

O dilema é o seguinte: o que os colocou dentro da escola não vai lhes proporcionar benefício nenhum quando saírem de lá.

O mundo não tem uma escassez de violinistas excelentes. Não faltam timpanistas obedientes em orquestras consagradas. Não há vagas abertas para essas funções e, mesmo que houvesse, a oferta excede em muito a demanda.

Não, a única coisa que vai permitir que esses alunos extraordinariamente talentosos continuem avançando é a arte original. Tocar música de uma forma que ninguém espera. Esse é um salto que a cultura os incentiva a evitar.

Três percepções do produtor teatral

1. Se você não tiver um talento nato, não tem problema. Você tem a capacidade nata de estabelecer um compromisso.
2. Organize os talentosos.
3. Conecte os desconectados.

De "o que posso ganhar" para "o que posso dar"

Na economia industrial, para alguém vencer, outro precisa perder. Toda ação produtiva gera uma recompensa, a qual pertence à gerência ou à força de trabalho. Existe um conflito inerente aí, porque recursos escassos precisam ser divididos.

Já na economia de conexão, as próprias conexões criam um excedente. Devido à quantidade de opções, muito do que era escasso agora é abundante.

O desafio, então, é se reorientar para um mundo de abundância – especificamente, primeiro se concentrar em descobrir como você pode agregar à rede, e não o que pode ganhar com ela. Se você agregar o suficiente, os ganhos vão acontecer de maneira natural.

Claro que precisamos que o trabalho da era industrial seja feito

Sem dúvida, o carvão precisa ser extraído, as moléculas, transferidas, as páginas, impressas, e os documentos, organizados.

Mas isso não quer dizer que *você* tenha que fazer isso. O poder está mudando, de forma veloz, saindo das mãos de quem fornece coisas que deixaram de ser escassas e indo para as de quem inventa a arte que gera conexão. A economia industrial não vai desaparecer, mas cada vez mais a pauta será definida por quem faz conexões, e não peças.

Ficamos melhores com a prática

Então, o que você está praticando?

- mal cumprir os prazos
- derrubar com ceticismo ideias novas
- ser generoso
- fazer arte
- resmungar
- procurar oportunidades
- sonhar com coisas impossíveis
- dar feedback útil

Sobre bom gosto

Ira Glass entende como você se sente:

> Ninguém diz isso para os iniciantes, mas eu gostaria que alguém tivesse me dito. Todos nós que fazemos trabalho criativo entramos nessa por termos bom gosto. Mas existe uma lacuna a ser preenchida. Nos primeiros anos em que você produz coisas, o resultado não é tão bom. Tenta ser bom, tem potencial, mas ainda não é. Mas o seu gosto, o que fez você entrar no jogo, continua

arrasando. E é por causa do bom gosto que você fica decepcionado com o seu trabalho. Muita gente nem passa dessa fase, acaba desistindo. Entre as pessoas que produzem trabalhos criativos e interessantes, a maioria das que conheço passaram por isso durante anos. Sabemos que o nosso trabalho ainda não tem aquele toque especial que desejamos... E, se você está só começando ou ainda está nessa fase, precisa saber que é normal e que o mais importante a se fazer é trabalhar bastante... Só com um grande volume de trabalho você vai conseguir preencher essa lacuna, e suas obras serão boas na medida das suas ambições.

Arroz arriscado

Todos os restaurantes que servem sushis medianos usam panela elétrica de arroz. Um aparelho confiável, infalível, barato e simples. E o arroz fica bom o suficiente.

Os que servem sushis extraordinários, com preço duas ou três vezes acima da média, jamais usam panela elétrica. A panela de arroz é com chama a gás. E um cronômetro.

A questão é que o gás é irregular e um tanto imprevisível. É bem mais difícil fazer um arroz de qualidade numa panela dessas. Exige tempo, atenção e talento.

Mas só com a chama é possível fazer um arroz *excelente*. É improvável que você crie algo raro sem fazer algo arriscado para chegar lá.

Vire um patrono das artes

É interessante que o termo que usamos não seja "um patrono da arte". Queremos dizer as artes, no plural. Você não tem que gostar de um projeto, um ato ou uma peça. O que o patrono faz é respeitar o artista, o compromisso com a jornada de fazer a diferença. A sua opinião sobre a ideia nova de um determinado funcionário é bem menos importante do que seu modo de agir em relação às coisas que ele faz que não dão certo ou podem não dar.

Só os industrialistas apaixonados pelo *status quo* conseguem insistir que tudo funcione o tempo todo. Para o restante de nós, o melhor caminho é nos tornarmos patronos e nos cercarmos de pessoas dispostas a fazer o que ainda não foi feito e a assumir a responsabilidade pelo próximo passo.

quando o homem decidiu destruir
a si mesmo ele escolheu o era
do deve e ao descobrir apenas o por quê
o esmagou em porque.

E. E. Cummings

Quando o público encontra a arte

Marcel Duchamp comentou: "É o observador que faz a pintura". Duchamp criou um palco e deixou o espectador criar na cabeça sua própria representação daquela obra.

Mas Yves Klein afirmou: "Minhas pinturas são apenas as cinzas da minha arte". Para ele, a criação da obra era a arte, e a tela, a foto ou o jornal falso eram apenas uma lembrança.

Ambos chegam à mesma verdade: o artista dá um salto, e o espectador vivencia o poder desse salto. Saltar no escuro, ser a árvore silenciosa a despencar na floresta onde ninguém pode ouvi-la – isso é insuficiente.

Para que o salto tenha importância, outras pessoas precisam vivenciá-lo. Deve ser acompanhado da possibilidade de rejeição, tédio ou fracasso épico. E deve ser acompanhado do dom de permitir que o público também experimente um pouco do êxtase mítico e humano de saltar.

A experiência do novato

E se o espectador não souber do contexto? E se o cliente do restaurante não compreender a complexidade da gastronomia molecular? E se o turista do MoMA não souber nada de História da Arte e não entender o risco impressionante que Jackson Pollock assumiu?

O professor de Pollock, Thomas Hart Benton, era um pintor habilidoso, que criava figuras de dimensão quase escultural. Partir desse realismo tão elaborado para ir derramar gotas de tinta na tela...

Claro, para os novatos, o salto não é evidente. "Qualquer um faria isso", talvez eles pensem. Não entendem que arte não é apenas o que Pollock colocou na tela; de certa forma, a tela é apenas as cinzas da sua arte.

E é por isso que a arte raramente é para as massas. Elas não apreciam a centelha de originalidade e ficam felizes em comprar a cópia ou a imitação. Mas tudo bem, porque nunca foram tão pouco importantes quanto agora. Só se interessam pelo que é popular, e os esquisitos, aqueles que entendem a piada, nunca tiveram tanta influência em relação às ideias que circulam.

Em algum momento, todos nós fazemos parte das massas. Isso acontece quando não damos valor às nuances, quando nos contentamos com o que é bom o suficiente, quando o preço importa mais do que o impacto. A explosão dos nichos, da diversidade mais ampla de gostos, das esquisitices – com tudo isso, ficou mais fácil ignorar as massas.

O artista pode escolher seu público. Se você escolher um público que entenda a obra, isso abre possibilidades para levá-la ainda mais longe.

O fracasso de livros e cursos sobre criatividade, liderança e *brainstorming* acontece por uma razão simples...

É que as pessoas não *querem* que deem certo. Sofremos uma lavagem cerebral para termos medo da arte.

Não é difícil aprender a cavar uma vala se você acredita que será recompensador cavá-la.

As pessoas hesitam em liderar, inventar ou produzir arte porque têm medo do que acontecerá se o fizerem.

Este livro não oferece instruções passo a passo ou atalhos porque isso é fácil de encontrar em outros lugares. No entanto, vou compartilhar duas táticas simples que vão expor seu medo como ele é e permitir que você o encare de frente.

Tática: fichas de problemas e soluções

Em um evento ocorrido há pouco tempo, distribuí lindas fichas pautadas desenhadas à mão. Um lado foi identificado como PROBLEMA, e o outro, como SOLUÇÃO.

Pedi a todos que escrevessem um problema real, o querido obstáculo de cada um, aquela coisa que os bloqueava e impedia de fazer a sua arte. Poderia ser os dez mil dólares necessários para o financiamento total de um projeto, o chefe chato que jamais dizia "sim" ou o fato de não terem conseguido um teste com uma grande gravadora. Qual era o problema perfeito, aquele que simplesmente não conseguiam resolver?

Depois, pedi que trocassem de ficha com a pessoa ao lado. Dei cinco minutos para darem o seu melhor e escreverem uma solução no verso do cartão.

E veja bem: não me importava muito se a solução era boa. A minha preocupação era com três coisas:

Em primeiro lugar, como foi escrever o problema? O ato de torná-lo concreto, de escrevê-lo e compartilhá-lo – isso fez com que parecesse maior ou, o que é mais provável, banalizou esse problema gigantesco que vinham cuidando, polindo e carregando por aí, talvez durante anos?

Em segundo lugar, como se sentiram ao saber que existia uma possibilidade, mesmo que pequena, de a pessoa ao lado escrever uma solução válida? Afinal, se isso acontecesse, teriam que tomar uma atitude, não é? Não teriam mais aquele problema, o blefe seria descoberto, e seria necessário agir de fato e distribuir a arte. Descobririam de uma vez por todas se o público iria acolher aquele projeto ou ignorá-lo e chamá-los de fraude.

E, por último, se a pessoa na cadeira ao lado não conseguisse resolver o problema de forma adequada (o que era provável, já que os participantes tinham apenas cinco minutos), estariam preparados para admitir que era um problema sem solução? Porque isso é quase tão bom quanto resolvê-lo. Um problema insolúvel significa que você pode declarar a derrota e seguir em frente. Significa que pode eliminar essa desculpa do seu repertório, porque seu objetivo é irreal. Não, eu nunca vou conseguir ficar invisível, voar ou mesmo cantar ópera. Mas aceito esses limites e vivo minha vida com eles. Uma vida sem uma sacola cheia de problemas não resolvidos é muito mais leve, e você consegue realizar muito mais coisas.

> **Toda arte é maravilhosa. Até o projeto dar certo, o público vai se perguntar se o artista é apenas imprudente.**

Tática: o grupo focal

Não é esse tipo de grupo focal. É um grupo baseado, em parte, na ideia clássica do MasterMind, criada por Napoleon Hill. Encontre exatamente mais três artistas – que precisam ser diversos tanto em termos do campo de atuação quanto de origem e objetivos – e se conecte com eles a respeito do processo da sua arte.

O objetivo desse grupo não é ajudá-lo a ver melhor ou a aprimorar a sua arte. O objetivo é lembrá-lo do seu compromisso e incentivá-lo a criar uma arte mais original, pessoal e bem-sucedida.

Quando você sabe que precisa se encontrar a cada duas semanas com um artista respeitado, olhar nos olhos dele e dizer o que você fez (ou deixou de fazer), as suas habilidades acabam atingindo outro patamar.

Faça o que quiser

Essas são as quatro palavras mais assustadoras que a revolução da conexão nos trouxe.

Se quiser cantar, cante. Se quiser liderar, lidere. Se quiser tocar, conectar, descrever, desestabilizar, dar, apoiar, construir, questionar... faça isso. Você não será escolhido. Mas, se quiser escolher a si mesmo, vá em frente.

O preço disso é que você assume os resultados.

O gerador da pior das hipóteses

O escritor Nicholas Bate constata que a evolução nos dotou de uma ferramenta muito útil, porém quase obsoleta. Nosso cérebro de lagarto é rápido em imaginar a pior das hipóteses para cada ação artística que realizamos.

Se o seu rádio interno está ocupado em informá-lo que a torradeira vai pegar fogo ou o carro vai explodir, então é provável que você não esteja agindo de um modo funcional. Objetos comuns no decorrer de um dia comum são pouco perigosos. Reservamos nosso rádio imaginário para a arte em nossa vida, para o novo, para projetos que importam. Ele nos fala para rastejarmos bem no momento em que deveríamos saltar.

Para a maioria de nós, a pior das hipóteses não apenas é irrealista – é debilitante. Imaginamos qual seria o pior resultado possível se dermos uma palestra, escrevermos um memorando ou lançarmos um novo produto. O que justamente deveria ser motivo para otimismo muitas vezes é visto como ameaça e risco.

O mais surpreendente é que nenhum desses cenários desastrosos ocorre. Mesmo assim, o gerador sobrevive e amplifica o lado negativo, em um esforço contraproducente de nos manter seguros. O problema é que, sem dúvida, a nossa zona de conforto não está mais alinhada com a zona de segurança.

Achamos que estamos sendo cautelosos, inteligentes e prudentes ao evitar voar muito perto do sol. Mas o gerador só está nos levando cada vez mais em direção às ondas, de modo que voamos baixo demais, ousamos pouquíssimo e desperdiçamos nossa melhor chance de fazer algo que importa.

"Nunca achei que você se tornaria importante"

Um desafio que o artista enfrenta é que a obra será vista, e é *dele*.

Como artista, você percebe que esta obra não é a continuação de outra, nem a repetição do trabalho de alguém só para preencher o espaço em branco ou para ganhar dinheiro, e sim algo seu.

Seu trabalho.

E se não tiver repercussão, a rejeição parece pessoal.

E se *tiver* repercussão, isso também pertence a você.

É muito mais fácil viver nas sombras, onde nunca terá que lidar com a síndrome do impostor nem com a rejeição. Você nunca terá que enfrentar o que é se sentir uma fraude ao ser chamado de talentoso ou o horror de ser reconhecido como uma. É bem mais fácil se esconder.

O sucesso pode ser tão perigoso quanto o fracasso, porque abre mais possibilidades e traz consigo mais responsabilidades.

Porém, a alternativa que você tem é ser invisível e negar os seus sonhos. Como podemos sequer considerar isso uma opção?

Dada a escolha, não temos outra escolha. Temos que criar e assumir.

Você sabe que é uma fraude

É isso que está no cerne do medo do artista de se envergonhar. No fundo, estamos preocupados se seremos descobertos como a fraude que sabemos que somos.

Você não está apenas digitando oitenta e nove palavras por minuto ou misturando compostos químicos por vários dias seguidos. Você está ousando voar perto do sol. Está fazendo algo novo, que ninguém jamais ousou, dizendo o que não foi dito, tocando o que não foi tocado. É óbvio que você é uma fraude. O que poderia qualificá-lo para fazer essas coisas?

Se você não se destacar, não vai precisar se posicionar. E ninguém vai cobrá-lo a respeito do que diz, faz ou acredita. Você está de volta à sua zona de conforto, mas, como vimos, a segurança que existia lá acabou.

Todo mundo está sozinho e se sente uma fraude. Eu me sinto uma fraude ao digitar isto aqui, ao escovar os dentes e a cada vez que subo no palco. Isso faz parte da condição humana. Eu aceitei. E agora?

> É ridículo reclamar. Ou você age,
> ou é melhor esquecer.
>
> Stefan Sagmeister

Lei de Jante

Há cerca de cem anos, o autor escandinavo Aksel Sandemose escreveu um livro sobre a cultura da sua cidade natal, Nykøbing Mors, um lugar onde se adequar às normas é essencial e ninguém é anônimo. Ele descreveu dez regras (cujo nome veio de um personagem no livro, Jante) que ainda são praticadas e ensinadas em muitas culturas e escolas:

> Não ache que você tem algo de especial.
> Não ache que você é tão bom quanto nós.
> Não ache que você é mais inteligente do que nós.
> Não se convença de que você é melhor do que nós.
> Não ache que você sabe mais do que nós.
> Não ache que você é mais importante do que nós.
> Não ache que você é bom em alguma coisa.
> Não ria de nós.
> Não ache que alguém se importa com você.
> Não ache que você pode nos ensinar alguma coisa.

E tem um bônus, uma regra que destaca a vergonha e a vulnerabilidade:

> Não ache que não sabemos muito sobre você.

Com essa doutrinação, se destrói qualquer esperança de que a arte aconteça. É nisso que o industrialista acredita, e antigamente ele tinha razão. Mas deixou de ter.

"Agilidade derrota as táticas"

Joi Ito, chefe do Media Lab do MIT, tem um problema com o mito de Hernán Cortés.

A narrativa é que Cortés mandou seus soldados "queimarem os barcos". Se não houver como voltar atrás, diz a teoria, o exército vai lutar com mais afinco porque sabe que não tem alternativa.

Mas sempre existe uma alternativa.

Na economia de conexão impulsionada por ideias, o custo de experimentar nunca foi tão baixo. Ao mesmo tempo, existe uma alta capacidade de coordenação e o impacto de se estar certo é enorme.

Sendo assim, não iremos recompensar esforços fortemente organizados que exijam a queima dos barcos. Em vez disso, a ideia simples que captura a imaginação de alguns e depois se espalha vai se tornar dominante, sem dúvida.

Entenda uma distinção fundamental: faz sentido ser ágil com as suas táticas, a sua abordagem, a sua maneira de causar impacto. Mas, por favor, não questione a sua posição como artista.

Arte é a única estratégia disponível, e devemos defender nosso direito e nossa vontade de fazer arte, independentemente de quem nos criticar e dos fracassos mercadológicos que enfrentarmos.

Sim, mude as suas táticas, e com frequência. A agilidade compensa. Mas não, não desista da sua estratégia de fazer arte.

A razão pela qual eles precisam de você (e nós também)

Existe um trabalho que você (e somente você) pode fazer.

Você é capaz de ser a peça fundamental do processo, e precisamos com urgência que você se apresente e nos ofereça esse trabalho.

Esse é o melhor tipo de arte. A arte de que só você é capaz.

Como declarou Franklin D. Roosevelt: "Essa não é a visão de um milênio distante. É uma base definitiva para um mundo que é alcançável no nosso tempo e pela nossa geração". Um mundo alcançável nos aguarda após a curva se prevalecermos em relação ao falatório negativo que subverte a arte.

Vale ressaltar

Eles vão lhe dizer que é fácil (não é).

Eles vão lhe dizer que é divertido (é, mas só de vez em quando).

Eles vão lhe dizer que você precisa nascer com isso (não é verdade).

E vão lhe dizer que não está na sua vez (e eles estão errados).

Quem fica triste?

"Estou triste."

"Estou com uma verruga no pé."

"Estou com um resfriado."

"Estou com o braço quebrado."

Não é interessante nunca falarmos: "sou o braço quebrado" ou "sou o câncer"? Entendemos que essas coisas acontecem *conosco*; elas não são quem nós somos.

Mesmo assim, dizemos: "sou ansioso" e "sou um fracasso". Claro, ansiedade ou medo não definem quem somos. São algo que aconteceu conosco. Fracasso é algo que ocorreu, e não uma pessoa.

Apenas isto é uma grande verdade: "Você é um artista".

Você não é a sua arte

Quando a crítica chega, quando o projeto é recusado ou quando sua apresentação de vendas é rejeitada, é fácil (automático, humano, provável) presumir que você foi rejeitado.

Afinal, quando o projeto é aceito, você tem a sensação de que está sendo aceito – e, portanto, a rejeição deve significar o outro lado da moeda, ou seja, que eles o odeiam porque odeiam o seu trabalho.

Mas isso é um suicídio artístico.

Não ajuda em nada se colocar na berlinda, nessa posição de vida ou morte, de fazer ou morrer. Você é o artista, e não a arte. A única maneira de ficar vulnerável e chegar ao limite é perceber que, se a sua arte não der certo, você estará de volta amanhã com mais arte (e ainda melhor).

O duende malicioso

O mítico Steve Jobs é bastante celebrado por seu gosto. Ele tinha, dizem, uma habilidade certeira de enxergar qualidade, de entender qual era a resposta certa, de decompor de forma sistemática qualquer problema para encontrar a melhor resposta.

Só que isso não é verdade, de forma alguma.

Tim Cook, CEO da Apple, afirmou recentemente: "Ele mudava de ideia tão de repente que a gente até esquecia que, no dia anterior, tinha sido o único a defender a posição contrária".

A magia de Steve Jobs não era estar certo. Era ter certeza.

Nos libertamos da dor ao aceitá-la

Uma vida sem dor vai escapar das suas mãos. Você pode se esmerar para aparar as arestas, eliminar todos os riscos e garantir que todo mundo que encontrar vai gostar de você. (Espero que ver isso escrito no papel o ajude a enxergar o quanto essa missão é absurda.)

Mas, no caso pouco provável de você realizá-la, logo será atormentado pela constatação de que isso não vai durar muito e que é apenas uma questão de tempo até que alguém apareça e estrague tudo. Quando um artista tenta manter silêncio total em um auditório com mil pessoas, basta um único sujeito inoportuno para quebrá-lo.

A alternativa é não somente aceitar, mas também celebrar o fato de que seu trabalho (seu melhor trabalho) lhe dará a alegria da criação justaposta aos berros do cérebro de lagarto.

Depois de reconhecer que essa dor é tanto um sinal quanto um marco, você não precisa desperdiçar energia para resumir sua vida em fazer a dor passar. Na verdade, pode entrar em um jogo diferente – o de descobrir o quanto você consegue suportar. É a dor (e o medo da dor) que faz a arte ser escassa. Se fosse apenas divertido (e pode ser!), haveria um excesso e não seria tão valiosa.

Agora você tem a base para a verdadeira liberdade, porque não precisa mais limitar a paixão e a arte na tentativa de extinguir o medo. Agora que ele faz parte do seu trabalho, você pode ignorá-lo e trabalhar como se fosse destemido.

> Liberdade não é a capacidade de fazer o que quiser.
> É a disposição para fazer o que quiser.

A alavancagem dos limites

Em um sistema capitalista, as corporações são organizadas de modo a gerar mais. Mais lucro, mais participação de mercado, mais poder. E a organização sempre quer o caminho mais curto, rápido e confiável para conquistar mais.

Então, a corporação joga resíduos químicos no rio porque não é contra a lei. A organização sem fins lucrativos arrecada dinheiro sempre com os mesmos doadores porque é mais fácil do que encontrar novos. O profissional de marketing envia diversas vezes spam para uma lista de e-mails porque é mais fácil do que cultivar a atenção do público a longo prazo.

Organizações que estão competindo em uma corrida alucinante rumo ao fundo (preços mais baixos, menos qualidade, menos arte) às vezes chegam lá, o que não é bom para ninguém.

Pense no oligopólio da indústria de bebidas carbonatadas. A maneira mais fácil para essas empresas crescerem era visar o segmento menos instruído e mais pobre do mercado e empurrar para ele garrafas cada vez maiores. "Participação no estômago" era o nome dessa estratégia – de não somente aumentar a participação no mercado ou os lucros, mas inclusive dominar cada litro consumido.

Quando Mike Bloomberg, prefeito de Nova York, estipulou que os restaurantes da cidade só poderiam servir refrigerantes calóricos em copos de até meio litro (o que, segundo a propaganda da Coca-Cola de cinquenta anos atrás, era uma porção adequada para *três* pessoas), a indústria reagiu de forma agressiva. Era como se isso fosse uma restrição inaceitável ao direito de livre mercado de vender o máximo possível, mesmo que causasse doenças nos consumidores.

Essas empresas se esqueceram de uma verdade fundamental: como o limite se aplica a todos, inclusive aos concorrentes, vai exigir que entrem numa disputa baseada em inspiração, criatividade e inovação, na qual não se trata mais de vender o volume máximo de bebidas. Esse limite também vai aumentar a expectativa de vida dos consumidores, o que não é nada mau.

Todo artista precisa lutar para estabelecer limites, porque sem eles não há oportunidade de alavancagem, de encontrar uma nova maneira de resolver um velho problema. Então, a peça precisa ser encenada nessa espécie de teatro, o dispositivo tem que custar menos de quarenta e cinco dólares e a temperatura da superfície não pode ultrapassar os vinte e oito graus.

Sim, a todo momento, os artistas quebram regras que impunham limites, mas o fazem de uma maneira seletiva e deliberada.

Mono no aware

A sua arte não vai durar. E, às vezes, as coisas mais belas e importantes são aquelas que vemos desvanecer. O estudioso japonês Motoori Norinaga cunhou o termo *mono no aware* para descrever a sensação de contemplar as flores de cerejeira enquanto murcham e morrem, de interagir com algo importante ou belo, o qual sabemos que está nos deixando. É uma espécie de nostalgia reversa.

Não é muito diferente do conceito essencial de *memento mori*, um termo em latim que nos lembra de que vamos todos morrer.

A compreensão da impermanência anda de mãos dadas com a compreensão da arte. Toda arte, como vimos, traz algo novo ao mundo, mas essa novidade não é permanente, ou não haveria espaço para mais arte. A novidade se dissipa.

A impermanência da arte (e a impermanência de todos nós, os criadores da arte) não é ruim, assim como, quando você lança uma moeda ao ar, a cara não é ruim só porque você escolheu a coroa. Não dá para ter um lado sem o outro.

O homem que inventou o navio também inventou o naufrágio. A criação da arte inclui o seu desaparecimento, e ainda a compreensão de que o ato de fazer durar para sempre destrói justamente o que a fez dar certo.

Dançar à beira da completude

Antigamente, quando o seu turno acabava, você tinha terminado. Quando não havia mais nada na caixa de entrada, quando os formulários tinham sido processados, você podia parar.

Agora, é claro, sempre tem mais um tuíte para publicar, mais um post para escrever, mais uma partida de jogo on-line para encerrar. Sempre pode escrever mais um e-mail, elaborar mais uma perspectiva, responder mais um comentário. Se quiser, você nunca vai terminar.

E essa é a dança. Diante de um mar de infinidades, é fácil ficar angustiado, certo de que nunca vai chegar do outro lado e se sentir realizado ao dizer: "Terminei". Ao mesmo tempo, ter terminado, ter feito, ter finalizado – em parte, é como estar morto. O silêncio e a sensação de que talvez não haja mais nada.

Para o profissional do marketing, o freelancer e o empreendedor, o desafio é redefinir o nível de conforto, aceitar o que ainda está inacabado e o ciclo interminável.

Fomos treinados para terminar o dever de casa, os legumes no prato e as nossas tarefas. Hoje não chegamos a terminar, e tudo bem.

É uma dança, não uma rotina chata.

Dançar à beira do ridículo

Todo trabalho importante é ridículo até causar impacto e se tornar arte.

Porém, se for ridículo demais, não vai gerar nenhum impacto. E, se não for nada ridículo, tampouco será importante.

A parte difícil de levar arte para a sua tribo, a sua cultura ou o seu mercado é entender onde está a linha que separa o chato do ridículo. Assim como o dançarino não acerta todas as vezes, você vai demorar um tempo para se localizar, para acertar, errar e repetir o ciclo, até descobrir onde fica o ponto ideal. O dançarino erra, mas continua a dançar, quantas vezes for preciso até acertar. Isso também vale para o artista.

Veja, faça e reinvente na página em branco. E repita até conseguir a conexão que procura.

Espectadores

Os deuses não são espectadores. Os consumidores são espectadores. Os torcedores nas arquibancadas são espectadores.

Os profissionais de marketing gostam de espectadores porque adivinhar o que farão é fácil e pouco arriscado. Você pode elaborar orçamentos e projeções a respeito desse grupo.

A regra do "publique primeiro, publique sempre" da internet pune o espectador. Um youtuber ganha mais fazendo um vídeo do que você ao assisti-lo. O empreendedor, o poeta e o escritor se beneficiam por apresentar seus pontos de vista e precisam de leitores, ouvintes, clientes e espectadores.

Sem dúvida, sempre vamos precisar de espectadores. Mas você não precisa ser um deles.

O que você acha?

"Vim só para ouvir."
 "Não tenho experiência suficiente para ter uma opinião."
 "Estou só anotando."
 "Isso vai cair na prova?"
 É isso mesmo? Você foi à reunião, à aula, ao show e se recusa a pensar? Ou a compartilhar o que está pensando?
 Para inverter o que Descartes disse: você existe. Logo, pense.
 Manifeste-se.

A resistência é a maneira pela qual a evolução nos impede de fazer arte.

O artista é livre?

Livre para escolher, livre para trocar, livre para causar o alvoroço que quiser, com certeza.
 Mas não se livrou do cérebro de lagarto. Não se livrou da voz da insegurança e da dúvida. E nunca vai se livrar.
 Se tiver resolvido que não pode fazer arte até silenciar a voz da resistência, *você nunca fará arte*. Arte é o ato de fazer um trabalho que importa enquanto dança com uma voz na sua cabeça gritando para você parar. Podemos fazer amizade com esse lagarto, embalá-lo até adormecê-lo ou simplesmente enfrentá-lo, mas ele estará lá, sempre.
 Assim que acolher o lagarto (não apenas tolerá-lo, mas também tratá-lo como um parceiro da sua arte), você estará livre.

Hábitos dos artistas de sucesso

O artista profissional pode se organizar e estabelecer um ponto de partida para desenvolver hábitos que vão ajudar muito nos dias em que o lagarto estiver mais selvagem ou naqueles em que a resistência fará de tudo para impedir o trabalho.

Eis alguns deles:

Aprenda a vender o que você fez.
Agradeça por escrito.
Fale em público.
Fracasse com frequência.
Veja o mundo como ele é.
Faça previsões.
Ensine os outros.
Escreva todos os dias.
Conecte outras pessoas.
Lidere uma tribo.

Se você se comprometer com esse conjunto de hábitos (ou outro que corresponda à sua visão) e fizer *disso* o seu trabalho, seja o responsável por *essas* tarefas, e aí a arte que você produz não terá problemas para se resolver por si só.

Por outro lado, se os seus hábitos forem reações e respostas a estímulos externos, se têm a ver com processar o que cair no seu colo, ir a reuniões e agir de acordo com instruções de terceiros, você já cedeu à resistência – sacrificou a sua arte para atender aos caprichos dos outros.

Isso é errado. Isso é brilhante. Isso é besteira.

Isso é incrível.

Você ouve essas coisas o bastante?

Não tente evitar o trabalho que impressiona.

Viciado em uma metáfora

É provável que você tenha o suficiente. E que queira mais.

Não sei bem o que você quer mais. Mais feedback, mais dinheiro ou mais seguidores. Mais poder, mais liberdade ou mais respeito.

A decisão primordial que você precisa tomar é a seguinte: quer mesmo mais disso ou está medindo algo que é apenas uma metáfora ou um substituto da coisa que realmente importa?

Descubra o que de fato importa e não perca o foco com algo temporário, cheio de números e placares vazios de significado.

> Fazer arte é doloroso.
> Mas é a melhor alternativa que temos.

A mudança de Poundstone

A comediante Paula Poundstone nem sempre se apresentou em casas lotadas. Como todos os comediantes em ascensão, várias vezes ela se via em pé no palco, tarde da noite, em um clube praticamente às moscas.

Ao contar como lidou com a casa vazia (com só duas ou três pessoas na plateia!), ela diz que foi deixando de ficar com raiva do público e passou a se sentir grata – caramba, esses caras aí vieram!

Sua arte existe para criar conexões. No começo, as conexões serão escassas, e é fácil se frustrar. É só isso que tem? Depois do trabalhão todo, dos vários riscos, só umas poucas pessoas estão lendo, ouvindo ou se dando ao trabalho de aparecer?

A mudança de Poundstone nos lembra de que as pessoas que comparecem são os mocinhos que devemos valorizar.

"O resto do mundo" não é tão importante quanto o pequeno público presente.

"Ela permite que os clientes enfraqueçam o trabalho dela"

Meu colega e eu estávamos revisando o portfólio de uma designer, e ficou evidente que o trabalho dela era bom, mas não excelente.

Então nos ocorreu que estávamos avaliando só os trabalhos publicados. Ao lermos um pouco as entrelinhas, deu para notar que havia indícios de grandeza ali.

A designer tinha cometido dois erros. Primeiro, numa tentativa equivocada de divulgar o trabalho, incluiu peças para clientes que não eram tão bons quanto ela e não estavam à altura da capacidade dela. Segundo, selecionou poucos trabalhos não publicados, justamente o tipo de material que atrairia os clientes que ela merece.

E podemos aprender duas coisas com isso. A primeira é que toda vez que você trabalha com alguém que não lhe permite desenvolver seu potencial, trata-se de uma escolha sua, e precisará encarar as consequências. Também vale a pena observar que é fácil demais montar um portfólio com quase todos os trabalhos que já fez e, por sua própria conta e risco, omitir os mais ousados.

Campo 5

Uma amiga animada usou o Google Docs para fazer um questionário com quatro perguntas. Cada campo do formulário era sobre diferentes aspectos relacionados aos pontos fortes dela. Ela enviou o formulário para os amigos e pediu que o preenchessem anonimamente. Foi uma maneira perfeita de obter informações diretas sobre em que ela era boa e em que deveria se concentrar.

Infelizmente, faltou mais um campo.

O campo 5 seria a pergunta "Do que eu tenho medo?"

"Do que estou me escondendo? O que está me impedindo de criar o melhor trabalho que posso?"

E a resposta (para a maioria de nós, boa parte do tempo) é que o medo está nos detendo. O medo de ser visto como uma fraude.

Um coach de executivos talentoso pode mudar a sua vida. Sem dúvida, em pouco tempo o investimento feito vai ter valido a pena. E, no entanto, poucas pessoas que se beneficiariam desse serviço o contratam. Por quê? Porque inclui perguntas sobre o campo 5. Não queremos correr o risco de sermos vistos como arrogantes ou insolentes, porque a vergonha de sermos considerados uma fraude nos persegue.

Se você soubesse do que tem medo, se entendesse onde se situa a sua arte e o quanto tem receio de divulgá-la, você tomaria uma atitude? Ou o risco é demasiado alto?

Improvisar pelo olhar de Bill Murray

Você precisa ir lá e improvisar, sem nenhum medo da morte. Precisa ser capaz de arriscar a vida. E tem que morrer para caramba. Tem que morrer o tempo todo. Você vai lá, só com uma pálida ideia. O medo vai fazê--lo cerrar os punhos. É o medo de morrer. Quando você começa e a coisa ainda não entrou no ritmo, as pessoas ficam tipo: "Mas o que é isso? Não achei engraçado, nem interessante". Aí você apenas estende os braços assim e abre o caminho, e isso possibilita liberar a coisa. Caso contrário, vai ficar presa dentro de você.

A lição essencial do *riff* do Bill é que você não vai morrer. Na verdade, não. É só a sensação que dá.

A resistência vai fabricar todas as emoções que puder para persuadi-lo a evitar a morte ou qualquer coisa que provoque uma sensação de morte.

Não adianta negar essas emoções, mas você pode acolhê-las.

Quando não existe uma resposta certa

...qualquer coisa que você fizer estará sujeita a críticas.

Aqui está uma pilha de blocos com as letras do alfabeto. Construa alguma coisa.

Tem gente que acha isso espantosamente difícil. "Espantoso" não é a melhor palavra, na verdade, porque o motivo de ser difícil é óbvio: você foi ensinado a evitar situações como essa.

Essa situação o deixa vulnerável. Você pode construir algo errado, idiota, trivial. Pode montar uma frase ofensiva ou construir uma torre banal.

É mais fácil não agir profissionalmente, descartar o exercício dizendo que é infantil, ficar na defensiva e seguir a alternativa segura e fácil.

> Um problema é uma chance de você fazer o seu melhor.
> Duke Ellington

E a economia de conexão não cria nada além de problemas.

O único jeito de se tornar bom em resolver problemas é resolvendo-os. Não em privado, não de forma segura, não em um lugar onde você pode tagarelar sobre os resultados. Precisa ser em público.

Escassez e a busca por segurança

Grace Yvonne Attard escreveu: "Acho que, sempre que parto da escassez e da falta de fé – ou seja, de um lugar seguro –, os resultados das minhas escolhas me fazem pensar pequeno. Escolher liderar, de coração, com entrega e abundância... Isso quase sempre é melhor".

Na era industrial, a escassez era o principal motor. Escassez de recursos, de máquinas, de mão de obra e de espaço na prateleira. A economia de conexão prospera na abundância. Conexão gera mais conexão. Confiança gera mais confiança. Ideias geram mais ideias.

A questão da fé levantada por Grace está intrinsecamente conectada à escassez e à segurança. Quando você repete o que já fez, só necessita de uma leve crença nas leis da Física. Por outro lado, saltar no vazio, sem um mapa, é um convite ao fracasso, ao pavor e, sim, ao brilho.

Ovo de Colombo

Seguir é muito fácil.

Assim que você vê que algo está concluído, o cérebro de lagarto relaxa. Ele sabe que aquilo pode ser feito e não fica tão aflito com a morte.

Então seguimos ideias. Seguimos líderes de mercado. Seguimos a próxima coisa importante que surge no caminho.

A internet traz essas coisas à nossa porta. Podemos conferir no mesmo instante o que (aparentemente) vale a pena seguir agora.

Diz a história apócrifa sobre Colombo que, depois que ele voltou de uma viagem, os opositores da elite pegaram muito no pé dele e enfatizaram que, se não tivesse sido ele, bem, teria sido outra pessoa. Esse feito era inevitável, não foi nada de mais. De acordo com um livro escrito em 1565, ele lidou com os críticos da seguinte maneira:

> Colombo não retrucou o que diziam, mas pediu que lhe trouxessem um ovo inteiro. Ele o colocou na mesa e falou: "Meus senhores, apostarei com qualquer um de vocês que são incapazes de fazer este ovo ficar em pé, como eu o farei sem qualquer tipo de ajuda ou auxílio". Todos tentaram sem sucesso e, quando o ovo retornou para Colombo, ele o segurou e o bateu bem de leve na mesa, de forma a criar pequenas rachaduras na casca e, com isso, o ovo ficou em pé. Os presentes ficaram perplexos e entenderam o que ele quis dizer: uma vez realizada a proeza, qualquer um sabe fazê-lo.

Pare de seguir. É fácil e ineficaz, e você é melhor do que isso.

Encontre o seu próprio ovo.

O equilíbrio do artista: fazer arte boa o suficiente

O cérebro de lagarto é um animal astuto, e ele topa qualquer negócio para se esconder.

Começa negando a própria existência, criando brechas nos argumentos para fazer arte. Depois o faz se sentir sonolento ou desvia a sua atenção para alguma tarefa mais urgente. Sabota o seu trabalho para que ninguém o veja e, portanto, você não seja solicitado a fazê-lo de novo. Se ele acreditar que pode fazer com que você volte a se esconder, a resistência vai atrasá-lo, detê-lo ou deixá-lo infeliz.

Uma das táticas mais perniciosas do lagarto é fazer com que você se apaixone por um projeto impossível, um sonho impossível, a missão digna, mas que nunca será concluída.

Afinal, se é uma busca impossível, como alguém poderia culpá-lo por não a alcançar?

Implementar mudanças é complicado e exige que o artista faça acontecer, viole as normas e persista contra o *status quo*. Às vezes, isso o torna um líder e um agente de mudança; outras, um estorvo crítico.

Existe uma diferença substancial? Isso não é apenas a História chamando os vencedores de uma coisa e os perdedores de outra? Dennis Kucinich era um excêntrico, e Daniel Ellsberg, um herói visionário?

Acho que tem mais coisa aí do que simplesmente o julgamento após o fato. Isso está relacionado ao *prajna*, à capacidade de ver o mundo como ele é. Sem dúvida alguma, precisamos de pessoas que combatam moinhos de vento, mas a essência da história de Dom Quixote é que, em algum nível, ele *sabia* que eram moinhos de vento. O agente de mudança destemido não está à espera de um milagre; ele constrói alianças e conquista um apoio gradual com uma abordagem planejada para fazer a mudança que deseja. O artista em uma missão progride, converte alguns e reúne uma tribo. Já o crítico chato se apaixona pelo papel do injustiçado que não é responsável por grandes coisas e, na verdade, se esquiva dos compromissos que possibilitariam um impacto real.

Três maneiras de interagir com o público

Alguns artistas ignoram deliberadamente o público. "Aqui está; acabou; pra mim você morreu." A atitude de pegar ou largar requer coragem, mas garante que você faça arte sem distração. Assim é a arte de Thomas Pynchon, David Mamet e Trevanian. Para conviver de forma produtiva com o cérebro de lagarto, este artista decidiu se isolar.

Alguns artistas entendem que vão agradar apenas à própria tribo – quem busca a resposta que eles querem evocar, quem compartilha a mesma visão de mundo. Esses artistas consideram a arte insuficiente até criarem algo que repercuta nesse grupo. Eles se importam e interagem a ponto de estabelecer uma conexão com o público e, assim, a arte começa a dar certo. Bob Dylan, Cindy Sherman e David Sedaris vivem nesse mundo. Estão presentes, mas não têm nenhum interesse em agradar um público que não entende o trabalho deles.

Há quem (não vou chamar essas pessoas de artistas) ouça com avidez todas as críticas e trabalhe para suavizar a arte e atrair o maior público possível. Para quem age assim, a participação no mercado é mais relevante do que a arte. E então assistimos ao velho Elvis Presley se tornar uma paródia no estilo de Las Vegas e à velha Judy Garland chegar ao fundo do poço nos palcos. No começo, eram artistas com a intenção de mudar o *status quo* para uma tribo que se importava, mas viraram grandes *entertainers* do mercado de massa.

O fracasso bom: como a organização se torna entediante?

David Puttnam, que já teve poder em Hollywood, seria o autor desta lei: "É mais aceitável fracassar de um modo convencional do que de um modo pouco convencional. E o corolário disso: a recompensa por ter sucesso de um modo não convencional é menor do que o risco de fracassar de um modo não convencional. Resumindo, você pode fazer besteira impunemente, contanto que faça como todo mundo".

Quando falamos sobre fracasso com quem cresceu na era industrial, a pessoa tem dificuldade em encontrar maneiras artísticas de pensar a respeito disso. Ela compreende o fracasso comum, o aceitável, o fácil, porque é algo que já foi feito, é o que acredita que está sendo solicitado.

Mas só resulta em tédio.

Esse é o fracasso de um novo sabor de pizza da Domino's, de uma nova variação no computador da Dell, ou é a reação morna à última versão do Chevrolet Corvette. Esses fracassos são enfadonhos porque, desde o princípio, não envolviam muito risco.

O notável vem da capacidade de arriscar um tipo inteiramente novo de fracasso, aquele que ocorre a partir de um risco inédito. Ao assumi-lo, você cria a possibilidade de inventar uma nova forma de sucesso.

Não acredito em muitas coisas, mas acredito em você.

O jogo é infinito se você o jogar desse jeito

Se for trabalho, o instinto é fazer menos. Por que pedir mais?

No entanto, se você estiver jogando um jogo, aí o objetivo é continuar jogando.

O trabalho é árduo. É uma obrigação. É algo sem coração e sem alma, pensado para agradar a terceiros e gerar capital, o qual é usado para gerar mais trabalho e mais capital. Nós nos damos a permissão de nos desligar quando executamos o trabalho para despersonalizá-lo, desumanizá-lo e perdoar os nossos deslizes éticos.

Já os jogos não são obrigatórios. Eles têm regras definidas por nós, e optamos pelos jogos que refletem quem somos. Quando começamos a jogar, podemos ir com tudo, porque é pessoal. Não se trata necessariamente de vencer ou perder, mas de jogar. A maneira como jogamos faz parte da pessoa que acreditamos que podemos nos tornar.

Quando enxergamos o nosso "trabalho" como parte de um jogo – no qual, em vez de fracassos, há jogadas, e em vez de tragédias, resultados –, é mais provável que o façamos com o espírito adequado. O que quer que aconteça faz parte do jogo – é por isso que estamos jogando.

Mas os jogos são todos iguais.

James Carse escreveu sobre a ideia de jogos finitos e infinitos. Um jogo finito tem um vencedor e um perdedor. Um jogo finito tem regras, é verdade, mas também tem um fim. Logo, em um jogo finito, o objetivo é vencer, ser o último sobrevivente.

A era industrial adotou a ideia de jogos finitos. Aumentar a participação no mercado é um jogo finito. Contratar um funcionário do concorrente também é um jogo finito – você fica com o craque, e seu competidor o perde. Cada temporada da NFL é um jogo finito, em que apenas um time vence e os demais saem como perdedores.

Já os jogos infinitos são disputados pelo privilégio de jogar. *O objetivo de um jogo infinito é possibilitar que os outros jogadores joguem melhor.* O objetivo do seu próximo lance é encorajar os adversários a fazerem um próximo lance ainda melhor.

Como você deve ter imaginado, a economia de conexão prospera com o jogo infinito (e vice-versa). Como as conexões não são um investimento em que ou se ganha, ou se perde, como as ideias que se espalham beneficiam tudo que elas alcançam, não é extremamente necessário haver um vencedor (e muitos perdedores).

No jogo finito, existe a pressão para sermos os únicos, aquele que é um em um milhão. O problema de ser o grande vencedor é que, de acordo com as probabilidades, existem outras sete mil pessoas no planeta que são tão boas quanto você (ou melhores). Ganhar um jogo finito em um mundo conectado é uma aposta burra.

É óbvio que qualquer jogo finito de alto risco vai se tornar um trabalho em pouco tempo e que você vai ficar sob pressão para tomar esteroides, queimar etapas e abandonar a generosidade para se concentrar no resultado.

É extenuante fazer a melhor arte de que somos capazes. E não mais por conta de uma tentativa de criar escassez e vencer um jogo finito. É por ser pessoal e generoso.

Jogos infinitos proporcionam abundância e a satisfação de criar a arte que importa.

Jogue.

O jogo só acaba quando termina

No início da era da internet, corri um risco que parecia ser enorme. Criei quase sozinho uma empresa de marketing on-line (nós inventamos o envio ético da mala direta por e-mail) e a desenvolvi, graças a um financiamento externo, até chegar a cerca de setenta funcionários.

Éramos grandes, fazíamos projetos significativos para ótimos clientes e mal conseguíamos saldar as contas (isso num mês bom). A reserva para investimentos estava se esgotando e, se não fechássemos vendas logo, teríamos que implorar por mais dinheiro ou desistir – e muitos funcionários bons perderiam o emprego.

Esse foi o momento de maior risco. Como fundador, inventor e o cara do dinheiro, senti um peso enorme. Precisava fazer vendas, e com urgência.

Durante uma reunião em Nova York com uma marca famosa, cliente em potencial, aconteceu o de sempre. Os executivos de contas e o pessoal do marketing, que não tinham nada melhor para fazer, estavam acabando comigo e com o meu colega. Criticaram o nosso trabalho ao dizerem que cobrávamos muito caro e que a concorrência parecia ser inteligente.

Naquele momento, me bateu a realidade do jogo infinito. Se salvar a empresa significaria fazer aquilo todos os dias, não me interessava mais. Se eu ficasse tão desesperado para fechar toda e qualquer venda, então elas não refletiriam o que fomos capazes de fazer – seriam apenas o que o cliente estava disposto a comprar naquele dia. Aquilo não era arte, mas uma distorção dela.

Embora fosse trágico e doloroso ver o negócio falir, decidi naquele momento que era melhor fracassar do que conduzir a minha equipe por um caminho de mediocridade e insultos.

Nos primeiros dez minutos da reunião, que seria de uma hora, me virei para as pessoas que assistiam à nossa apresentação, fechei meu laptop e disse: "Sabem, acho que não somos a empresa certa para vocês. É isso que nós fazemos, e temos orgulho do nosso jeito de fazer. Se não é para vocês, sinto muito por tê-los feito perder tempo". Em seguida, levantei da cadeira para ir embora. Meu colega, atônito, ficou de pé para me acompanhar.

Talvez você possa imaginar o que aconteceu. No instante em que ficou claro que não estávamos desesperados, em que passamos a liderar em vez de implorar, a venda foi fechada. Fizemos mais vendas nas oito semanas seguintes do que nos dois anos anteriores.

O jogo é infinito se você o jogar desse jeito. Você consegue continuar a fazer a sua arte desde que esteja disposto a fazer as escolhas que o coloquem nesse caminho.

Jogos infinitos, arte e generosidade

Depois de enxergarmos a verdade do jogo infinito, a conexão que Lewis Hyde estabelece entre arte e generosidade faz ainda mais sentido.

Para que algo seja arte, é preciso haver um dom. Ele cria uma conexão e um vínculo, os quais estão no cerne da economia de conexão. Conexões geram mais valor e, portanto, o jogo continua.

Uma transação, mesmo quitada, separa as pessoas. Um dom cria um desequilíbrio, fortalece a tribo, faz o jogo avançar.

A escassez, a participação no mercado, os monopólios e a maximização dos lucros buscam sugar energia do sistema. Os industrialistas querem que o sistema tenha calma, que se torne organizado e produtivo e, acima de tudo, lucrativo. Os artistas querem *acrescentar* energia no sistema para agitá-lo e fazer com que o jogo continue a avançar.

Artistas não dão presentes em vez de prestar um favor. Não pretendem contrair uma dívida comercial, não fazem *networking* só para chegar ao topo. Os artistas participam de um jogo infinito e, a cada vez que contribuem com um dom, ganham mais tempo de jogo.

Igual a mais ninguém

Artistas estão inquietos

Mal podemos esperar para jogar de novo.

A arte é um processo, não um objeto, e é um processo que nunca chega ao fim. Jogos infinitos nos convidam a continuar jogando, a avançar com a bola, a ajeitá-la para a próxima pessoa. Como você não iria querer continuar no jogo?

Neofilia

Coisas incríveis têm uma meia-vida. A cada nova maravilha, a cada milagre, acabamos nos acostumando. Esquecemos que um dia ir a uma ótima biblioteca já foi algo precioso e surpreendente. Esquecemos que só vimos TV em cores depois dos quinze anos e só usamos um celular depois dos quarenta, que, quando fomos morar em Nova York, a taxa de homicídios na cidade era quatro vezes maior em relação à do dia em que nos mudamos. E esquecemos que já foi irado dizer "irado" e usar jeans, que antes não existia a parte do "sob Deus" no juramento à bandeira dos Estados Unidos.

Nós esquecemos.

Kurt Andersen, *True Believers* (Crentes de verdade)

E nunca esquecemos tão depressa e com tanta frequência. Somos apaixonados pelo novo, e parece que as novidades jamais serão suficientes, tampouco chegarão na velocidade necessária. Construímos uma sociedade pós-enganação, na qual o futuro é criado por quem tomou o lugar do *status quo*, e não por quem o defende.

Galunfante (e *Funktionslust*)

Ser galunfante é elaborar e ornar a atividade de modo aparentemente inútil. É perdulário, excessivo, exagerado, antieconômico. Somos galunfantes quando damos saltinhos em vez de andar, quando preferimos ir pela estrada com belas paisagens a pegar a via expressa, quando jogamos um jogo sem usar todos os nossos poderes devido às regras, quando estamos interessados nos meios e não nos fins.

Stephen Nachmanovitch

Minha nova palavra favorita em alemão é *funktionslust*. Ela descreve a paixão por fazer algo simplesmente por fazer, e não apenas porque deve dar certo. É o jogador que quer sair do banco, por mais que não dê mais tempo de virar a partida, e o chef que capricha mesmo no omelete de sete dólares que um hóspede pediu para entregar no quarto do hotel, tarde da noite.

Não que seja o trabalho dele, mas porque ele pode.

Artistas jogam. Não analisamos o retorno do investimento nem buscamos atalhos. Estamos jogando, e não trabalhando, então o caminho mais longo costuma ser a melhor opção, porque nem sempre temos um destino certo.

Quando somos galunfantes de maneira intencional, usamos o corpo para dar um toque na mente e avisar que é hora do *funktionslust*. Estamos nos preparando para fazer um trabalho com coração e alma, pois, se não for assim, qual seria o sentido?

Se você joga em uma liga cujas regras não pode mudar, é perfeitamente possível que a obediência e o treinamento rigoroso sejam as melhores opções. Para o restante de nós, há o entendimento de que as regras sempre mudam, então também deveríamos aproveitar esse processo de mudá-las.

Ensinado na escola de Arte

Raramente se trata da questão de como segurar o pincel ou como misturar as tintas. Escola de Arte tem a ver com rejeição, visão e compromisso.

Ela ensina tanto um vocabulário que possibilita que você fale com inteligência sobre a sua arte quanto a necessidade de usá-lo para aprimorá-la.

Quando alguém que não é artista lê sobre um exercício típico de uma escola de Arte, acha estranho, perigoso e nada atraente por conta das características contrárias ao industrialismo, dos riscos pessoais e da probabilidade alta de terminar em lágrimas. A zona de segurança de um artista é diferente da zona de conforto na qual a maior parte do mundo vive, e pode levar meses ou anos para reverter a lavagem cerebral do estudante de Arte, de modo que ele consiga parar de fugir dessas interações e as aceite.

O professor de Arte vai passar exercícios como os quebra-cabeças visuais, os becos sem saída disfarçados de atividade útil, bem como a construção de narrativas profundamente pessoais. Os deveres parecem não ter muito a ver com colocar o lápis no papel, mas, ao olharmos de perto, vemos que têm *tudo* a ver.

Técnica está em segundo plano (ou até mesmo em sexto). Compromisso e jogo vêm em primeiro lugar. A capacidade de questionar a autoridade e o *status quo*. Uma disponibilidade para a folha em branco...

Quando o resultado não é a única questão, é lógico que você vai despender mais esforço no processo e no intuito.

Isso pode acabar em choradeira.

Se você não estiver preparado para chorar por isso, talvez não esteja fazendo arte.

E se não estiver preparado para dançar pela expectativa, não está fazendo arte, definitivamente.

Quanto tempo demora para fazer arte?

Talvez leve sete anos para um negócio digital em constante evolução virar um sucesso repentino. O casamento gay só foi legalizado nos Estados Unidos, em um estado, após a luta de uma geração. Um professor pode levar quatorze aulas para começar a causar impacto nos alunos. Um blog só entra no ritmo depois de pelo menos um ano.

Arte quase nunca funciona tão rápido quanto você gostaria e, quanto mais você precisar que dê certo, mais devagar ela vai acontecer.

As arestas

Em nome da produtividade e da aceitação do mercado de massa, o industrialista apara as arestas.

O artista entende que elas são a razão de tudo.

"Não tenho nada para falar"

Claro que você não tem.

E Bob Marley também não sabia tocar "Get Up, Stand Up" quando começou, Jane Austen não era uma excelente escritora no primeiro dia e Valerie Jarrett não sabia nada sobre política nacional no início.

O preço de falar e se colocar não é mais o mesmo. O preço de levantar a mão, fazer uma conexão ou lançar sua ideia para o mundo é ínfimo. E, por ser tão baixo, também envolve pouco risco.

Sabemos que as coisas poderiam funcionar melhor, e isso leva a questionamentos sobre como são e como poderiam ser, para depois tentarmos fazer algo a respeito. Independentemente de você trabalhar em Wall Street, em uma ONG de combate à fome ou na prefeitura da sua cidade, insisto que não se renda à acomodação.

Jacqueline Novogratz, fundadora do Fundo Acumen

Você não faz arte após se tornar um artista.
Você se torna um artista ao fazer arte de maneira incessante.

Do que todo artista precisa

Se você tem um artista na família, se trabalha com um deles, seja como patrão ou como funcionário (ou se é artista e deseja compartilhar isso com sua equipe), eis alguns pensamentos estratégicos sobre felicidade e produtividade.

Não questione o compromisso com a missão. Não é útil sugerir com delicadeza que o artista poderia arranjar um emprego formal para se sustentar, desistir, sossegar ou baixar o padrão de qualidade. O artista pensa nessas coisas todos os dias e não precisa que você o lembre que é possível abandonar a vida e o sonho dele por um emprego melhor e assim comprar mais artigos de luxo industrializados e quinquilharias.

Após finalizar o trabalho, não questione as táticas, sobretudo se ninguém tiver lhe perguntado. O momento de refletir sobre a melhor maneira de interagir com o mercado é durante a criação da arte, e não depois de ela ter fracassado.

Por outro lado, é totalmente válido perguntar ao artista se ele quer conversar sobre como aumentar as chances de o público compreender melhor a arte dele.

Consolar é inútil. Você nunca será capaz de consolar totalmente o artista diante do abismo sem fim que cada decisão, cada projeto e cada tática trazem. Os artistas precisam da tranquilidade de saber que escolheram um caminho louvável e que você dará apoio a eles. Mas a confiança sobre o trabalho em si deve vir de dentro.

A melhor pergunta a se fazer a um artista é: "Como isso vai funcionar?".

Tente distinguir a opinião crítica de uma pessoa (você) sobre a arte e a dificuldade de compreender com empatia qual foi a opinião de outra pessoa (que não é você) sobre a arte. Talvez você não goste da obra, mas não é justo generalizar e dizer que *ninguém* mais vai apreciar. Se você não consegue entender uma obra na perspectiva do público, então é melhor não dizer nada.

O artista precisa do seu compromisso inabalável com a missão dele. Esse é o preço mais alto que você paga por ficar ao lado de um artista e apoiá-lo e, sim, é bem provável que possa investir ainda mais tempo, paixão e dinheiro para fazer isso.

Parte do apoio à missão é incentivar o artista a se comprometer *mais* – menos, jamais – e a ter mais foco, mais estranheza, sem aparar aresta nenhuma. Eddie Murphy não precisa que ninguém sugira que ele faça mais um filme idiota por uma bolada de dinheiro – o que precisa é de apoio para retomar a sua trajetória e fazer um ótimo filme. Se for preciso, sem ganhar nada.

O artista não precisa de licenças para escapar da arte. Não precisa ser lembrado da realidade, dos advogados, das regulamentações e nem mesmo das regras da Física. O artista precisa apenas ser encorajado, persuadido e apoiado para aprimorar a sua arte.

Vai ficar tudo bem, porque sempre está tudo bem

Alguém me perguntou que conselho eu daria a mim mesmo aos vinte e dois anos, com meu MBA. Parece que as pessoas, em sua maioria, diriam a si mesmas para comprar ações do Google, se casar com um namorado que rejeitaram ou se mudar para uma determinada cidade – coisas que fariam para mudar o curso da vida delas se tivessem que viver tudo de novo.

Eu não mudaria nada, nem mesmo os desastres profissionais épicos, porque graças a cada um deles tenho o meu trabalho atual, que não poderia ser melhor. Mas a única coisa que gostaria de ter aprendido na época é que, aconteça o que acontecer, vai ficar tudo bem no final, pois a dor faz parte da jornada e, sem ela, não valeria muito a pena.

Está tudo bem, e não é porque todas as coisas dão certo. Como bem sabemos, *nem* tudo dá certo.

Mas, apesar disso, você sempre pode dançar. Ganhando ou perdendo, você pode jogar. Eu diria a mim mesmo para não carregar tanta bagagem emocional para todo projeto e toda interação. O objetivo é continuar jogando, não é vencer.

Consolar não é escalonável, e sempre ouvir que um projeto vai funcionar não ajuda muito. Útil é saber que o objetivo é a jornada. O dia em que meu laptop começou a pegar fogo no meio de uma reunião com clientes, a vez que fui ameaçado de prisão pelo vice-presidente da AOL, quando quase não deu para honrar a folha de pagamento, quando houve olhares fixos no vazio – todas essas coisas são parte da arte.

No fim de um projeto, no fim do dia e do jogo, você pode se olhar no espelho e se lembrar de que ao menos pôde dançar.

Os altos não são tão altos

Uma das coisas de que o artista profissional abre mão é a emoção de uma altura insana. Há cerca de vinte anos, eu ficava eufórico quando qualquer coisinha dava certo. As coisas estavam muito pesadas no trabalho, e todo dia eu lidava com rejeições e situações que quase levavam o negócio à falência. Assim, me agarrava com força a qualquer feedback positivo.

Agora, tenho o prazer de dizer que não me apego tanto. O que significa que os pontos altos não são muito extremos. Os sucessos têm a ver com o privilégio de fazer mais trabalhos, e não com a garantia de vitória.

Quando lancei um projeto no Kickstarter para financiar este livro e a meta foi atingida em menos de três horas, não fiz a dancinha de comemoração dos jogadores que aparece na TV. Em vez disso, abri meu laptop e comecei a trabalhar. Esse é o maior privilégio que consigo imaginar.

Nunca existe um momento ideal

Às vezes, você tem sorte e está no lugar certo, na hora certa. Se isso acontecer e não se der conta, é provável que desperdice a oportunidade.

Acho que é onde estamos agora. No lugar certo. Na hora certa. E talvez você não perceba.

Este é um péssimo momento para ser um industrialista, para esperar uma demanda confiável e previsível. Uma péssima época para ter a expectativa de obter lucros descabidos fazendo coisas comuns para pessoas comuns. Uma época péssima, sobretudo, para ser um gerente de nível médio bem pago que faz o que lhe mandam em troca de um emprego garantido.

Por outro lado, nunca houve um momento melhor para ter algo a dizer, aceitar a mudança e ver o mundo de uma forma diferente. Nunca houve um momento melhor para fazer conexões em vez de coisas. E, acima de tudo, nunca houve melhor época para se fazer arte.

Quem quer ser um milionário?

Na maioria das vezes, é assim que incentivamos a arte. Quem quer ser famoso? Quem quer aparecer na TV? Quem quer ser aplaudido por todos? Ou receber elogios durante a reunião? Ser promovido?

Acho que existe uma pergunta melhor do que essas:

Você se importa tanto que até encararia o fracasso?

Seu maior fracasso

Para nossa surpresa, não é aquela coisa maravilhosa que você fez com boas intenções, mas acabou em desastre.

Não, seu maior fracasso é aquilo com que você sonhava em contribuir, mas não teve coragem de fazer. Isso é algo que quem está no poder quer que você ignore, porque isso mina as tentativas de mantê-lo na linha.

A maior mancha no seu currículo profissional é o caminho não percorrido, o projeto não iniciado, a arte não realizada.

Não caia no ceticismo deles

Um consumidor inseguro é um bom consumidor, e um funcionário inseguro é um funcionário obediente. O consumidor inseguro é facilmente seduzido por promessas e vai se apressar para comprar qualquer coisa que venda segurança. O funcionário inseguro fica nas mãos do gerente que busca dar instruções.

Quando decide que não é talentoso o suficiente ou não está pronto para se manifestar, quando cai naquela de que não nasceu em berço de ouro e não estudou nas melhores escolas e, por isso, não pode fazer a diferença, você cede seu poder às pessoas em posição de autoridade.

O cético que não vota porque não vai mudar nada garante que, de fato, nada mude. O músico à espera da ligação de uma gravadora (embora odeie todas pela ganância e arrogância) entregou todo o seu poder a elas.

O preço a pagar por estar errado é menor do que o de não tentar.

Eu consegui, eu fiz, eu disse

Agora ficou muito mais fácil fracassar.

Muito mais fácil colocar algo no mundo e ver que não dá certo.

Você não precisa de um prédio, um diploma ou um orçamento publicitário. Você não precisa da permissão de ninguém.

Que oportunidade! Por favor, não deixe que cem anos de lavagem cerebral façam com que você a desperdice.

> Você aprende a nadar nadando.
> Você aprende a ter coragem tendo coragem.
>
> Mary Daly, conforme citada por Brené Brown

Comece sua jornada antes de enxergar o fim

A resistência quer ser tranquilizada. Ela quer um plano que possa ser testado. Antes de encarar a dor, quer saber se tem um prêmio garantido no final.

"Me mostre mais estudos de caso, mais exemplos, mais garantias. Me mostre uma prova!"

O cérebro de lagarto conseguiu travar você. As melhores obras são feitas por artistas que não sabem como vai acabar dando certo. O restante do mundo está preso à cultura que sofreu uma lavagem cerebral por parte dos industrialistas, a cultura do medo e da conformidade.

Mas cultura é uma escolha. Você não precisa aceitar uma cultura de medo ou de fracasso. Neste momento, no fim do corredor ou lá fora na rua, existe outro artista, cheio de esperança e entusiasmo, que optou por uma cultura diferente, embora more na mesma cidade e trabalhe no mesmo setor e na mesma economia que você.

Outros artistas sempre fizeram essa arte, sempre escolheram a cultura da esperança, mas você não fez isso o suficiente ("é muito arriscado", diz o lagarto), porque está preso à necessidade de prova, a uma dependência em segurança e ao medo da humilhação.

Arte é um projeto, não é um lugar. Você vai construir a casa dos seus sonhos, e ela vai pegar fogo. Você vai começar seu negócio, e ele terá sucesso, até um dia deixar de ter, e então você vai seguir em frente. Você vai subir no palco e falar com o coração, e algumas pessoas na plateia (talvez apenas uma) não vão entendê-lo, nem aceitá-lo, nem apoiá-lo.

Arte é isso.

Arte é um salto no vazio, uma chance de dar à luz o seu gênio e fazer mágica onde antes não existia.

Você é capaz disso. Já fez isso e vai fazer de novo. É justamente porque talvez não dê certo que você deve e precisa fazer isso. Que dádiva o fato de não existirem nem certezas, nem garantias, nem uma rede.

É bem possível que não haja uma ovação de pé no fim da sua jornada.

Não tem problema.

Ao menos você viveu.

Não desperdice esta plataforma

Enquanto escrevo isto, tomo chá (feito com folhas enviadas através de uma cadeia de suprimentos de quase cinco mil quilômetros) de uma garrafa de vidro (fundido a uma temperatura que, até pouco tempo, os humanos não conseguiam controlar) e trabalho em um computador que custaria um milhão de dólares dez anos atrás, exceto que não daria para comprar por quantia nenhuma, fora o fato de a conexão com a internet ser via Wi-Fi (é tudo um milagre).

Estamos vivendo um momento inédito, no qual um bilhão de pessoas estão conectadas, no qual o seu trabalho é julgado (mais do que nunca) com base no que você faz e não em quem você é, no qual ter credenciais, acesso ao capital e poder bruto foi ofuscado por uma simples pergunta: "Eu me importo com o que você faz?".

Construímos este mundo para você. Não foi para você assistir a mais vídeos na internet, checar o tempo todo os feeds de notícia e manter contato virtual com os amigos do colégio. Nós o construímos para que você possa realizar o que é capaz. Sem pedir desculpas, sem dar desculpas.

Vá.

sim eu disse sim eu vou Sim

Molly Bloom em *Ulisses*, de James Joyce

APÊNDICE UM

Histórias da vida real de quatorze artistas reais

"Pareçam da Jill"

Jill Greenberg tirou uma foto minha quando nós dois éramos adolescentes. Algum tempo depois, ela se tornou uma das fotógrafas mais importantes do mundo, especializada em retratos artísticos.

Vivemos em uma sociedade em que quase todo mundo tem uma câmera. E a maioria que tem vai tirar fotografias. Em um mercado assim, com esse tipo de competição, como é possível conquistar alguma coisa?

É fácil de descrever, mas difícil de executar: Jill foi incansável em escolher o próprio caminho. No começo, adotou o Photoshop, uma ferramenta que era evitada por quase todos os fotógrafos, que acreditavam que o trabalho todo acontecia antes do clique, e não depois.

Em seguida, ela buscou temas mais difíceis. Tirou fotografias de candidatos à presidência com cara de zumbi, de ursos furiosos e de bebês chorando. E fez isso sem reservas. Uma rápida olhada no portfólio da Jill mostra que ela nunca aceita se conter. Todas as imagens são exibidas em grupos de onze.

Acima de tudo, as fotos da Jill têm cara de fotos da Jill. Ninguém a contrata para fazer fotos que outra pessoa poderia fazer ou que pareçam ter sido tiradas por *outra pessoa*. Na verdade, é comum um diretor de arte com orçamento limitado contratar um fotógrafo e o orientar a tirar fotos que "pareçam da Jill".

A maioria das pessoas com uma câmera na mão não tem coragem de tomar as decisões que Jill tomou, de resistir tanto tempo e de tirar tantas fotos sem receber como ela fez. Jill vê o que o restante de nós não consegue, ela faz arte de um jeito único e tem coragem de nos mostrar o que fez.

A garota do batom

Como primeira vice-presidente de projetos especiais e novas mídias da Estée Lauder, Angela Kapp conduziu essa gigante dos cosméticos para a era digital.

Ela o fez quando ninguém tinha ideia de como fazer isso. Não existia manual. Não podia se espelhar na L'Oréal ou na Revlon e copiá-las, porque essas empresas estavam perdidas e com medo. Angela estava perdida (como todo mundo), mas era ousada.

E então ela tentou algumas coisas. Quebrou outras tantas. Ela se manifestou e se expressou. Não sabia programar, mas descobriu como encontrar, persuadir e encorajar as pessoas que sabiam. Foi a conferências, repassou o que lhe haviam ensinado e aprendeu com pessoas que também estavam lá para compartilhar. E depois repetiu esse processo.

Angela entendeu que o seu melhor ativo não eram os segredos do que aprendera; era a coragem de dar o próximo passo. Assim, ela retribuiu divulgando os seus segredos e os colocou no jogo infinito do aprendizado. Em troca, aprendeu ainda mais.

Dez anos depois, quando estava no auge, saiu da Estée Lauder Companies para causar alvoroço em outros países, com outros clientes. Anos mais tarde, os funcionários da Estée Lauder ainda sentem sua falta, e as pessoas que aprenderam com Angela estão seguindo o caminho que ela desbravou.

Abandonar a competência

Charlie Osmond já é uma estrela. A *Esquire* britânica o escolheu como empreendedor do ano, e ele fundou várias empresas lucrativas que empregam centenas de pessoas.

Ele sabe como inaugurar e administrar escritórios de consultoria voltada para serviços. Também está ciente dos seus pontos fracos e por isso gastou bastante tempo e energia trabalhando, por exemplo, a capacidade de gerenciar, a fim de se tornar um fundador e gerente de empresas completo. Esse é um pensamento industrialista inteligente, que dá resultados.

E ele está farto disso.

A partir de 2013, Charlie Osmond começou a reforçar os pontos fortes e a correr atrás do sonho dele, em vez de manter a posição (bem-sucedida) que já conquistara. Ele arriscou a reputação e o embalo do seu sucesso ao abrir um novo negócio, a Triptease, que não faz consultoria e nem atende a empresas, mas que pode muito bem redefinir a experiência de compartilhar ideias de viagens na internet. Ou pode simplesmente fracassar.

Quando ele fala sobre o novo empreendimento, podemos ver o que Charlie tem de raro. A combinação de confiança e medo, a capacidade do artista de ver o que está lá fora e imaginar o que pode ser a próxima tendência. Mas, sobretudo, a disposição de decepcionar (caso não dê certo) e de passar para uma nova empreitada na qual provavelmente será incompetente no começo.

O santo padroeiro do Kickstarter

Amanda Palmer é a estrela do rock na internet. Desde que deixou o Dresden Dolls, em 2008, Amanda definiu de forma persistente e obstinada como um músico independente pode ganhar a vida e causar alvoroço.

Um dos grandes sucessos dela foi uma campanha recorde no Kickstarter, realizada em meados de 2012. Na verdade, o sucesso não aconteceu da noite para o dia, já que ela pagou todos os pecados ao longo de anos de muito trabalho, criação de arte e planejamento. Pois é, ela arrecadou mais de um milhão de dólares em trinta dias... Sem gravadora, sem equipe de A&R (artistas e repertório), sem investidores de risco e sem mídia paga. Mas levou anos para construir a tribo que iria apoiá-la durante o processo e espalhar a notícia sobre seus planos audaciosos.

Se você perguntar à Amanda se ela fez vários shows, canções e eventos de graça só para lançar um ano depois uma campanha bem-sucedida no Kickstarter, não tenho dúvida de que ela diria um sonoro "não" – seguido de um palavrão impublicável. Se perguntar se ela interage com os fãs no mundo real e no virtual para ganhar dinheiro para se sustentar, a resposta seria óbvia. Ela faz isso porque entregar esse trabalho aos fãs é o seu grande privilégio.

"Sai do Facebook"

À primeira vista, John Sherigan parece ser do ramo de resíduos. A empresa dele processa milhões de quilos de lixo eletrônico por mês, ao decompô-los e reciclá-los, o que minimiza o impacto em aterros sanitários. É provável que o seu iPad tenha um pouco do alumínio dele. "É um negócio simples: pegamos eletrônicos e os transformamos em plástico, vidro e metal." O industrialista pensa esse processo a partir da lógica da fábrica.

Descubra como fazer o processamento com menos, contrate mão de obra barata, implemente sistemas e repita.

Porém, John pensa seu negócio como parte de um ecossistema maior. Ele e a equipe não vendem um processo de *commodity*. Em vez disso, estão sempre na estrada, estabelecendo conexões pessoalmente, uma a uma – com isso, ganham o privilégio de ter a confiança das pessoas. Eles se dedicam a resolver novos problemas, compartilhar grandes ideias e compreender o que é importante.

Na hora de arrecadar dinheiro, abrir uma nova filial ou fechar parcerias, John acredita que só apresentar uma planilha de ativos e passivos não é a melhor opção. Existem várias alternativas se você for o fabricante de uma mercadoria.

O que é escasso é a confiança.

Esse cara é o quê? Louco?

Willie Jackson largou o emprego em uma firma de consultoria que lhe dava um salário alto e chances de ser promovido em pouco tempo. Fez isso logo depois de comprar uma casa, sem ter nenhum plano em mente.

Por que um jovem de vinte e poucos anos, com uma hipoteca a pagar, faria uma loucura dessas?

Porque não teve loucura nenhuma nisso. Foi a vida.

Willie Jackson percebeu que estava trabalhando para viver e decidiu que iria aproveitar os próximos cem anos de vida na Terra muito mais se começasse a viver para trabalhar. Depois daquele dia, há cerca de um ano, ele mudou de cidade, fez dezenas de novos amigos, construiu uma rede de colegas de confiança, conquistou muitos clientes, concluiu diversos trabalhos com pessoas em quem acreditava – e, o tempo todo, dançou à beira dos limites.

Willie já fez algo que o deixasse famoso? Ainda não. A questão não é essa. É que ele se afastou da obviedade do sistema para ter uma vida pouco óbvia.

O projeto de arte de trinta e seis bilhões de dólares

Cynthia Carroll foi nomeada há pouco tempo CEO da empresa multibilionária Anglo American, principal responsável no mundo pela mineração de diamante, platina e outros metais essenciais. Ela se tornou a primeira mulher CEO da empresa – e, ao contrário dela, os ocupantes prévios do cargo tinham um longo currículo no setor e eram da África do Sul. Não poderia ter mais coisa em jogo: trata-se de uma companhia centenária que emprega quase cento e cinquenta mil pessoas em todo o mundo.

Dada a natureza conservadora da mineradora, é chocante constatar que o primeiro ato significativo da gestão dela foi viajar até a infame mina de Rustenburg e descer centenas de metros abaixo do solo, no local "escuro, quente, úmido e íngreme", onde a cada ano morriam, em média, quarenta pessoas em acidentes de trabalho.

Aturdida com a enormidade do que viu, Carroll fez algo inédito para um CEO de mineração em situação semelhante. *Ela tomou a decisão de fechar a mina.* Não foi uma reação a um tumulto (não havia nenhum). Nem uma manobra de relações públicas (como fechar por dois dias e depois deixar tudo voltar ao normal). Não, ela fechou a maior e mais lucrativa mina de platina do mundo durante nove semanas simplesmente porque não tolerava o perigo existente. Criou um tumulto tão grande que o CEO da divisão pediu demissão.

Carroll foi ainda mais longe. Organizou uma relação de trabalho produtiva entre sindicatos, governo e empresas de mineração e se envolveu em uma batalha de muitos anos para redefinir o que seria monitorado e como a mineração seria realizada. No ano seguinte, como resultado direto desse projeto de arte feito por uma pessoa, o número de fatalidades na mina caiu pela metade – e continua a diminuir.

Como soubemos dessa história? Porque Cynthia Carroll nos contou. Ela expôs a roupa suja da Anglo, divulgou as estatísticas, explicou o que de fato poderia fazer e se dispôs a ser criticada, hostilizada e rejeitada.

Sem um livro de regras, sem pincel. Essa arte era de alto risco, o que incluiu a vontade de trabalhar sem um mapa e de criar novos relacionamentos.

Salmão não vota

De acordo com o ex-secretário do Interior norte-americano Bruce Babbitt, "secretários de gabinete que geram muita polêmica podem perder e, de fato, perdem o emprego". Pois ele se arriscou justamente nesse sentido ao propor derrubar a represa do rio Elwha, uma obra pública realizada cem anos antes que estava obsoleta e dizimava a população de salmão.

Com a expectativa de ser aclamado, Babbitt convocou uma entrevista coletiva para anunciar sua grande ideia. Na mesma hora, foi condenado por senadores, pela imprensa e até pelo chefe.

É raro um projeto de arte ser recebido com aprovação unânime. Se fosse uma ideia óbvia, qualquer pessoa faria.

Então ele arregaçou as mangas. A equipe dele fez estimativas de custos, cálculos hidrológicos, estudos de sedimentos e muito mais. E nada disso mudou a opinião das pessoas. Os Estados Unidos têm mais de setenta e cinco mil represas, e nenhuma tinha sido demolida da maneira proposta por Babbitt. Os dados não iriam fazer diferença. Como na maioria das situações nas quais a arte dá certo, esta foi uma decisão emocional, e não de cálculo matemático.

Alguns anos depois, o secretário obstinado comandou a demolição de uma barragem bem menor e ainda mais obsoleta na Carolina do Norte.

Com menos alarde e, portanto, menos oposição, Babbitt conseguiu derrubá-la. Em menos de um ano, a população de peixes, desaparecida por quarenta anos, retornou. Agora não tinha apenas as estatísticas, mas também uma prova viva, que respirava e comovia as pessoas, de que recompensava demolir uma represa.

A história foi resultado do trabalho dele. Uma história que mexeu com as pessoas.

Em 2012, a represa Elwha foi abaixo.

Virar a aquicultura de cabeça para baixo

Aos vinte e um anos, San Persand trabalhava em uma aquicultura, onde ajudava na criação de peixes. Os peixes ficavam alojados em grandes currais em forma de cubo, cujas laterais eram cobertas por redes de pesca. Nessa disposição, era possível retirar os cubos da água e selecionar os peixes já crescidos.

O problema era que as laterais da rede ficavam incrustadas de algas marinhas, o que interrompia o fluxo de água doce e acabava fazendo os peixes sufocarem até morrer. As algas viraram uma ameaça para o funcionamento dessa empresa de piscicultura (e de muitas outras).

Persand, sem ter autorização, nem formação em Engenharia ou um manual de instruções, inventou uma solução – mais um projeto de arte. Ele sugeriu substituir os tanques quadrados por cilindros. O que mudava era a facilidade de girar o tubo, nada mais. Quando crescia alga marinha no fundo, um funcionário da fazenda girava o cilindro até que ela ficasse acima da superfície, exposta ao sol e ao ar, o que a eliminava sem afetar os peixes no curral.

Arte está onde você a encontra.

Estratégia vem em segundo lugar

Como muitos empreendedores e consultores, Anne McCrossan entende a dinâmica das mudanças causadas pelas mídias sociais. Isso não é escasso. Mas não é por conta dessa compreensão dos pormenores técnicos que os clientes contratam a empresa dela, a Visceral Business, ou escolhem trabalhar com ela.

Ser inteligente vem em segundo lugar.

Não, o atrativo é a disposição de arriscar, de trabalhar até o limite do impossível. Nenhum memorando de estratégia poderia oferecer esse aspecto humano – só mesmo a insistência do artista em se importar. Ela afirma: "Podemos desenvolver a cultura empresarial de uma forma diferente, para que as pessoas possam e queiram fazer parte, para que reajam e façam a diferença". Com esse tipo de afirmação, você é posto para fora de muitos lugares, desperta olhares de descrédito e sofre para convencer os outros. Até conseguir convencê-los. Até encontrar o público para este tipo de arte.

Organizações e colegas de trabalho percebem quando um único indivíduo se dedica a algo sem pensar muito sobre o lado negativo. Agir quando está com medo – você não deve olhar para baixo, apenas para a frente. Às vezes, agir apenas por amor. Torna-se um processo quase alquímico, o qual transforma uma estratégia válida em algo que realmente cria conexão.

Construir um movimento fora da cidade

Hugh Weber reconhece que as grandes ideias, as obras de arte importantes e os movimentos nem sempre começam nas grandes cidades. Ele é o fundador da OTA, um coletivo criativo com sede na Dakota do Sul que é simplesmente um catalisador para uma explosão de criatividade e possibilidades na região.

No começo, ele pensava que teria que construir sozinho esse movimento. Porém, descobriu o seguinte: "Fui forçado a reconhecer que não estou sozinho nisto e que não posso fazê-lo sozinho. As pessoas que se dispuseram a apoiar, se envolver e ajudar a liderar esse esforço me deixaram honrado e transformaram minha perspectiva sobre a comunidade".

Acontece que o trabalho árduo não é fechar a agenda de shows ou ser brilhante. Ele consiste em persuadir os outros a ter a mesma visão, a ter a mesma atitude proativa que se espalhou na fazenda e a aplicá-la na construção de uma comunidade eclética e criativa. "Acho que a diferença primordial é apenas uma perspectiva da possibilidade. Nossa região está preparada de forma extraordinária para a solução de problemas. Quando acontece enchente, nevasca ou incêndio, todos se unem, trabalham em conjunto e sobrevivem juntos. Mas, quando pensamos em algo maior, inovador ou focado na possibilidade, parece que acreditamos que isso tem de acontecer de forma individual, no porão de casa."

A economia de conexão amplifica os criadores da mudança. Existem pessoas na comunidade, mesmo nas cidades afastadas do interior, desdenhadas pelos nova-iorquinos, que estão aguardando apenas um convite, à espera de serem chamadas para exercitar a habilidade de serem esquisitas. O trabalho do articulador da comunidade é simples: encontrar não a resposta certa, mas o público certo, o segmento adequado. Conecte-os, dê mais espaço para indivíduos fora do padrão e repita esse processo até a mudança ocorrer.

Quanto será suficiente?

Ben Cohen é o jogador de rúgbi com a décima maior pontuação da história do Reino Unido. Aos trinta e três anos, perto do auge como atleta, recebeu a oferta de um contrato lucrativo de três anos, o qual recusou.

Cohen decidiu usar sua fama e seus recursos para se dedicar em tempo integral a uma fundação criada por ele para combater o *bullying* e a homofobia.

Por que um atleta em um esporte que lhe dá rendimentos por um tempo limitado rejeitaria um contrato de três anos? Por que um heterossexual casado decidiria dedicar anos da vida à luta contra a homofobia?

Isso faz parte do trabalho árduo da arte. O objetivo da arte nunca pode ser o de maximizar o lucro a curto prazo, já que a lógica disso quase sempre requer pegar atalhos e otimizar a produtividade com rigor. O trabalho duro que Ben Cohen faz tem a ver com uma trajetória maior e a chance de prestar atenção não na carteira dele, mas no que é importante para ele.

Por uma ou duas temporadas, Ben Cohen fará falta para os companheiros de equipe. Mas a escolha dele de realizar esse projeto de arte lhe dá a possibilidade de deixar um legado e de fazer um trabalho que deixaria saudade se ele fosse embora.

Isso é maravilhoso

Joey Roth escolheu a si mesmo. Escolheu a si mesmo para apresentar sua bússola de madeira ao mundo. E seus impressionantes alto-falantes estéreos de cerâmica. E seus vasos de plantas produzidos à mão, com sistema de irrigação automático. Ele tem um site para vender os produtos, e não lhe faltam clientes. O mundo bate à sua porta.

Não o mundo inteiro, é claro. Apenas uma pequena fatia. A maioria das pessoas não usa folhas soltas para preparar chá, portanto não está interessada no bule de vidro inovador de Roth. E mesmo as que fazem chá dessa forma (a maior parte, pelo menos) não se importam com uma beleza desse tipo ou não conhecem o que ele faz.

Mas não tem problema, porque ainda assim tem muita gente que conhece e se importa, *sim*. Ainda assim tem muita gente que divulgou o trabalho, que comprou um desses objetos marcantes para ter em casa ou para dar de presente.

Em qualquer outro universo, um artesão como Joey Roth seria desrespeitado pelos transeuntes impiedosos numa feira de artesanato em algum canto. Iriam compará-lo com os trabalhos a que estão habituados, sem procurar algo novo e vibrante. Porém, ao escolher a si mesmo e (acima de tudo) fazer um trabalho que repercute, ele leva sua arte para pessoas que se importam com ela, todos os dias.

Escolhida

Jenny Rosenstrach teve um daqueles empregos chiques na mídia nova-iorquina, desses que vemos nos filmes. E aí saiu de lá.

Jenny queria ser escritora. Bem, ela já era escritora, e das boas. Só que não tinha nenhum texto publicado. O trabalho dela precisava de um público.

Durante dez anos, Jenny manteve um diário de cada refeição que preparava com o marido e, quando entraram em cena, também com os dois filhos. Como Steve Martin, ela estava concentrada na precisão, na compreensão, na descoberta da arte ao longo da sua jornada. Já havia se comprometido com algo.

Era hora de publicar um livro. Mas, em vez de passar dois anos tentando, à espera de ser escolhida, Jenny criou um blog chamado *Dinner: A Love Story* (Jantar: uma história de amor). Nada de contatos importantes, de tecnologia sofisticada, de investimentos caros... Era apenas Jenny e os textos dela.

A cada dia, a cada semana, o blog foi atraindo leitores. Eles se conectaram – com Jenny e uns com os outros. Tinham algo em comum, e Jenny falava de um jeito que expressava os sonhos deles.

Dentro do prazo, dois anos depois, uma editora publicou com entusiasmo o livro de receitas dela, que se tornou, em três dias, o mais vendido do gênero nos EUA.

Jenny deu à sua arte um espaço para crescer ao escolher a si mesma.

Eu sabia que tinha passado por uma transformação, comovida pela revelação de que o ser humano cria arte, de que ser artista é enxergar o que os outros não conseguem.

Não havia nenhuma prova de que eu tinha o que um artista precisa ter, embora ansiasse por me tornar uma... Me questionei se realmente tinha recebido um chamado como artista. Não me importava com a miséria de ter uma vocação, mas temia não receber o chamado.

Patti Smith, *Só garotos*

APÊNDICE DOIS

V de vulnerável: o abecedário de um artista

ANSIEDADE é experimentar um fracasso por antecipação. Conte a si mesmo histórias bastante vívidas sobre o pior resultado possível do seu trabalho, e você logo passará a acreditar nelas. Se preocupar não é se preparar, e a ansiedade não faz você ser uma pessoa melhor.

Equilibre-se na corda **B**AMBA. Perca o equilíbrio para depois reencontrá-lo e se comprometa a continuar andando em frente até pegar o jeito. Lembre-se de que só depende de você. O equilibrista consegue andar pela corda bamba durante um tempo, mas não para sempre. É por isso que vale a pena assisti-lo.

COMPROMISSO é a única coisa que faz você passar pelo abismo. Compromisso o leva do "essa é uma ótima ideia" para o "está pronto". É arriscado porque, se não der certo, é com você. Mas, sem compromisso, você vai fracassar, porque arte que não foi distribuída não é arte.

DANCE com medo. Dance com o que está feito. Dance com a resistência. Dance com as pessoas. Dance com arte.

ESFORÇO não é o objetivo, o impacto que é. Se você resolver o problema em três segundos, mas tiver coragem de compartilhá-lo comigo, ainda assim é arte. E se mover dez mil quilos de granito, mas o resultado não gerar uma conexão comigo, sinto muito pelos seus calos, mas você não fez arte – ao menos não para mim.

FEEDBACK pode ser tanto uma muleta quanto uma arma. Utilize o feedback para tornar seu trabalho menor, mais seguro e mais provável de agradar a todos (e fracasse a longo prazo). Ou o utilize como uma alavanca, para impulsioná-lo a assumir ainda mais o que você teme (e aquilo de que é capaz).

GUARDA-CHUVA evita que você se molhe. Por que cargas d'água você usaria um? A questão toda é se molhar.

HERÓIS são pessoas que assumem riscos pelos motivos certos. A verdadeira arte é um ato heroico. Já os *hipsters* são uns fingidos que não arriscaram nada, mas gostam de agir como se tivessem arriscado.

INICIATIVA é o privilégio de escolher a si mesmo. Ninguém vai lhe dar iniciativa, você que precisa tomá-la. Escolha a si mesmo. Se ainda não conseguiu o que deseja, talvez precise aprimorar a sua arte e fazê-la com mais frequência.

JÚBILO é diferente de prazer, deleite ou diversão. É a satisfação da conexão, a emoção mais do que merecida após distribuir uma arte que fez a diferença.

KNIFE, a faca, funciona melhor quando está afiada. Amolar a faca, aparar as arestas, recuar, ir pelo caminho seguro, suavizar tudo para agradar as massas desinteressadas – bom, o intuito não deve ser esse.

L de **LMNO**, que por alguns anos achei que era uma só letra do alfabeto. O artista busca quebrar o que é impossível de quebrar, combinar o impossível de combinar. E também L no meio da palavra "solidão", pois todos somos solitários, e o artista executa o trabalho infindável de nos ajudar a sair desse isolamento.

MAIS não é o objetivo do artista. Melhor é o sonho do artista. Conexões melhores são o objetivo da obra. Mais coisas levam a um mundo de escassez, enquanto conexões melhores produzem abundância.

"NÃO" parece seguro, enquanto o "sim" é de fato perigoso. Sim à possibilidade e sim ao risco. Sim a olhar alguém nos olhos e dizer a verdade.

ONE-BUTTOCK playing é o que Ben Zander deseja que você faça. Tocar piano, de coração. Sentar no banco, inclinar-se um pouco para o lado e se apresentar como se aquela fosse a melhor de todas, a última chance de liberar a música dentro de você.

PADECIMENTO é a verdade da arte. A arte não é um hobby ou um passatempo. É o resultado de uma nobre batalha interna, entre a busca por segurança e o desejo de fazer algo importante.

QUALIDADE, assim como o feedback, é uma armadilha. Concentrar-se em seguir fielmente as especificações (uma bela definição de qualidade) é renunciar ao trabalho de verdade, o que importa. A qualidade do desempenho é um pressuposto, mas não o objetivo.

REMIXAR, reutilizar, respeitar, reciclar, revisitar, recuperar, reverenciar, reabsorver. A arte não repete a si própria, mas rima com ela mesma.

SENTIR VERGONHA é o outro lado da vulnerabilidade. Evitamos nos abrir para a conexão que a arte traz porque temos medo de finalmente sermos vistos como a fraude que somos.

TRAVA é o dispositivo de segurança que você se recusa a usar. A arte parece fatal porque nos deixa vulneráveis. Os Flying Wallendas, lendária família de trapezistas e malabaristas, têm um slogan: "Se cairmos, vamos morrer".

UM DOM é a essência da arte. A arte não é feita como parte de uma troca equilibrada, mas é a sua oportunidade de criar desequilíbrio, o que gera conexões. Para fazer arte, o requisito é compartilhá-la.

VULNERÁVEL, como o artista se sente quando compartilha de verdade a arte. Quando a compartilhamos e nos conectamos, o poder se desloca e ficamos nus diante da pessoa a quem entregamos o dom da nossa arte. Não temos desculpas, nenhum manual para consultar, nenhum procedimento operacional padrão para nos proteger. E isso faz parte do nosso dom.

WARRANTY of merchantability, ou garantia de comerciabilidade, é um princípio legal que garante que o produto comprado faz o que o vendedor prometeu. Seu trabalho na arte é desprovido disso. Sua arte pode não dar certo, assim como a sua carreira. Se não der certo hoje, talvez isso também aconteça amanhã. Mas o nosso exercício é persistir até que funcione.

XEBEC é um navio pirata. De verdade mesmo, não do tipo que os pretensos piratas egoístas, maus e violentos usam na Somália. Os piratas artistas roubam para remixar e, em seguida, devolver.

YOUTH, a juventude, não é um número, é uma atitude. Muitos artistas que criaram rupturas, mesmo os mais velhos, eram jovens. A arte não é um destino genético ou cronológico, é uma escolha, aberta a qualquer pessoa disposta a sentir dor para receber magia.

ZABAIONE é uma sobremesa italiana deliciosa, feita principalmente de espuma muito bem batida. É preciso muito esforço para fazê-la à mão. Cada porção sai um pouco diferente da anterior. Costuma ser uma delícia. E não dura muito. É evanescente. E aí você tem de (conseguir) fazer outra leva.

AGRADECIMENTOS

Robert Irwin, Joseph Campbell, Lewis Hyde, Patti Smith, Steve Martin, Brené Brown, Ben Zander, James Elkins, Tina Eisenberg, George Lakoff, James Joyce, Robert Pirsig, Jeffrey Fry, Oscar Wilde, Teri Tobias, Neil Gaiman, A. F. Palmer, Elizabeth Gilbert, Lisa DiMona, Ishita Gupta, Lisa Gansky, Susan Cain, Jacqueline Novogratz, Sasha Dichter, Xeni Jardin, Mark Fraunfelder, Cory Doctorow, Steve Dennis, Jonathan Sackner Bernstein, Carla Lisio, James Carse, Nancy Hathaway, Pema Chödron, Susan Piver, Bernadette Jiwa, Michelle Welsch, Jim Leff.

E Adrian Zackheim, Niki Papadopoulos, Will Weisser, Natalie Horbachevsky, Joseph Perez e Catherine E. Oliver.

Sem dúvida, Helene, Alex e Mo.

Um *obrigado* enorme aos leitores do meu blog, por me darem sua atenção e me deixarem experimentar muitas dessas ideias lá, pela primeira vez. Você pode até encontrar um ou dois posts clássicos neste livro. Você pode ler meu blog todos os dias gratuitamente. É só buscar no Google por "blog do Seth".

**COMPRE UM
·LIVRO·**
doe um livro

*Sua compra tem
um propósito.*

Saiba mais em
www.belasletras.com.br/compre-um-doe-um

Este livro foi composto em Warnock e impresso em pólen soft 80 g pela gráfica Copiart, em setembro de 2021.